CHANSONS MORALES
ET FABLES
SUIVIES
D'UN CHANT PATRIOTIQUE

PAR

P.-A. ROSSIGNOL.

GAILLAC,
TYP. DE P. DUGOURC, LIBRAIRE, RUE MALAKOFF.

1869.

CHANSONS MORALES
ET FABLES
SUIVIES
D'UN CHANT PATRIOTIQUE

PAR

P.-A. ROSSIGNOL.

GAILLAC,
TYP. DE P. DUGOURC, LIBRAIRE, RUE MALAKOFF.

1869.

L'ÉCONOMIE.

Air à faire.

> La poésie sera de la raison chantée....
> La poésie s'est faite chanson....
> (LAMARTINE.)

Dieu des chansons, j'agrandis ton domaine,
Chauves sujets que Bacchus et l'Amour.
Accueille ceux que ma muse t'amène.
A la morale, à la vertu leur tour.
Le sérieux nous gagne, nous transforme,
Et Therpsichore incline au changement.
Ce double fait impose la réforme;
Je m'en inspire et chante gravement :

  Economie, Economie!
 C'est le mot de ma prud'homie.
 Toujours, partout l'Economie.
   L'Economie!

Mot bien commun... mais n'est-il que le vice,
Que le plaisir dignes des vers, du chant?
Mes trois patrons, la raison, la justice,
La vérité m'ouvrent leur vaste champ.
La force est là. L'harmonie elle-même
Et la beauté coulent par ce canal.
Vibre ma lyre, arrière l'anathème.
Rien de sacré fut-il jamais banal?
   Economie, Economie! etc.

Conserve-toi, Mortel, sois économe :
Du Créateur telle est la double loi.
But et moyen, l'une s'adresse à l'homme,
A l'homme brute, et la seconde au roi.
L'homme entendit et la loi fut suivie;
Et si de rien qu'il était au berceau
Il devint tout, c'est qu'entrant dans la vie
L'économie était dans son trousseau.
  Economie, Economie ! etc.

Simple d'allure et modeste ouvrière,
A petit bruit d'abord va son état.
Mais l'humble source a produit la rivière :
Petite cause, immense résultat.
Par elle un jour s'émancipe le monde;
Le capital l'arrache du maillot;
Le peuple naît, la nation se fonde;
Le genre humain a trouvé son pivot (1).
  Economie, Economie ! etc.

L'appellerai-je instinct, art ou science ?
Qu'importe, au fait, à qui suit son drapeau ?
Je symbolise ainsi son influence :
C'est la fortune assise et sans bandeau;
C'est plus, c'est mieux que la simple richesse;
Pour les Etats, pour les individus,
C'est le bonheur conduit par la Sagesse
Et qu'en triomphe escortent les vertus (2).
  Economie, Economie ! etc.

(1) Dire que l'Economie ne convient qu'aux âmes étroites, c'est oublier que la nature avec ses plus petits moyens produit les plus grands effets.   (LÉMONTEY.)

(2) Dans l'antiquité on notait d'infamie les dissipateurs. Démocrite faillit être poursuivi pour ce fait.

De la famille, encor et du ménage
C'est, on l'a dit (1), l'ange conservateur.
Point de tempête où son esprit surnage;
Il bouche l'antre au vent perturbateur.
Foyers bénis marqués par son étoile
Vous défiez les caprices du sort.
L'ordre, la paix, la règle enflent sa voile
Et sûrement entre la barque au port.

  Economie, Economie ! etc.

Il manque un temple.... ici plaçons mon rêve;
D'un grand pays je suis le souverain.
Partout alors, oublieux enfants d'Eve,
Mon Egérie a ses autels d'airain.
Pour ses élus emplois et récompenses.
Autour de moi les Sullys, les Colberts,
Système heureux; l'impôt et les dépenses
Rentrent au peuple en des bienfaits divers.

  Economie, Economie ! etc.

Le rêve, hélas ! s'envole, et sur les planches
Reste Gros-Jean formulant ses leçons.
La vérité, ce lustre à plusieurs branches,
S'épand en gerbe au bec de ses chansons.
Ici l'épargne, évangile du maître,
L'épargne, (fi ! du vice son excès !)
L'épargne, peuple, au chemin du bien-être
Eclaire seule et conduit au succès.

  Economie, Economie !
  C'est le mot de ma prud'homie.
  Toujours, partout l'Economie,
    L'Economie !

(1) Lamartine.

L'UTILE.

Sur l'air : *Ah! Daignez m'épargner le reste!*
ou : *J'étais bon chasseur autrefois.*

―

Au sortir des fers du besoin,
O vous que l'aisance visite,
Fermez votre porte avec soin
Au luxe qui vous sollicite.
En vain il compte pour entrer
Sur le miel que sa voix distille.
Foin du luxe. Il ne peut montrer
La patte blanche de l'Utile.

Il a ses héros, ses puissants,
Ses saints qu'il vous cite en exemple;
Mais le sage, l'homme de sens
Ne vont pas prier à son temple.
Si, parfois, dans leur port ouvert
Son navire trouve un asile,
S'il entre, c'est qu'il est couvert
Par le pavillon de l'Utile.

Afin d'allécher vos désirs,
— Il vous croit une âme vulgaire —
Des jouissances, des plaisirs
Il fait sonner qu'il est le père.
Mais je vois ton œil dépoli,
Sybarite au sommeil fragile;
Toujours tes roses ont un pli :
On dort mieux au sein de l'Utile.

Son dernier mot est un boulet
Lancé sur votre résistance.
Il s'écrie, il jure qu'il est
Le courtier de la bienfaisance.
Il vous trompe. La charité
En fait d'agents plus difficile,
A son fracas, tout bien compté,
Préfère l'huis-clos de l'Utile.

Il fait, enfin, le papelard
Passer sous vos yeux par les fentes,
Non patte blanche, mais de l'art
Les merveilles éblouissantes.
Criez : *foin du luxe,* plus fort ;
Car, maître en votre domicile,
A son tour le traître d'abord
Fermerait la porte à l'Utile.

Du luxe ennemi résolu
Un Grec, dans un excès de zèle,
Et par horreur du superflu,
Brisait jadis son écuelle.
Diogène, on te blâme en vain.
J'ai foi dans un noble mobile ;
Tu fus un type, un puritain,
Et le Trappiste de l'Utile.

Je demande : sous son chapeau
Riche couloir pour la migraine (1),
Cette dame au galbe si beau
A-t-elle la tête plus saine ?

(1) Ceci était écrit à l'époque où les dames portaient un vrai chapeau.

Dans ces boudoirs d'hiver, d'été,
Où d'or et d'argent tout scintille,
Il manque un meuble : la santé,
Congédiée avec l'Utile.

Non. La vertu n'achète pas
Au bazar des magnificences;
Et le bonheur marque le pas
En face des folles dépenses.
Mortels, voulez-vous des beaux jours?
Marchez avec mon évangile.
Seul est heureux qui n'a toujours
Sa porte ouverte qu'à l'Utile.

LES PETITES CHOSES.

Sur l'air : *C'est un lanla, landeridette.*

Sur une borne un rapsode
Moraliste à sa façon,
Au peuple lisait son code
Et chantait cette chanson :
« Parmi tant d'œuvres écloses
A son souffle créateur,
Dieu dit : « Allez, petites choses
« Portez à l'homme le bonheur. »

« A leur mission fidèles
Les messagères alors

Pour qui se contente d'elles
Vont se changer en trésors :
Un fleuriste aura ses roses
Et ses épis un glaneur.
Allez, allez! petites choses
C'est vous qui faites le bonheur.

« Aux champs après la victoire
Un Romain — c'est mon héros —
Recueillait une autre gloire
Dans de rustiques travaux.
Loin de lui vœux grandioses ;
La charrue a tout son cœur.
Allez, allez !.....

« Et toi qui sur un beau trône
Trouvais le sceptre pesant,
Qui cherchais la paix que donne
Le travail de l'artisan (1)
Je t'invoque, et tu déposes
Roi-Martyr en ma faveur.
Allez, allez !.....

« Aux humbles je m'intéresse ;
Et juge ou faiseur de lois,
Comme un pli du bât nous blesse
Plus encore que le poids,
J'aurais l'œil sans cesse aux causes (2)

(1) On sait que Louis XVI aimait à s'occuper d'ouvrages de serrurerie.
(2) A Rome il fut un temps où le préteur renvoyait à des juges inférieurs les affaires communes. De là le proverbe sur le ton de reproche ou d'ironie lorsqu'il était question d'une cause intéressante, mais non majeure : *De minimis non curat prætor*. Le préteur se soucie bien des petites causes !

Que dédaigne le préteur.
Allez, allez !.....

« Pendant sa splendide vie
Que de fois sous ses lambris
Un grand de la terre envie
Ma cabane et mon pain bis :
Les soucis... voilà les clauses
Que stipule la grandeur.
Allez, allez !.....

« Laissez-moi gloire et fortune :
La médaille a son revers.
Tant de fracas m'importune
Et vos fruits sont trop amers.
C'est l'effet des grandes causes;
J'aime mieux l'autre moteur...
Allez, allez !.....

« Enfin, simples d'attitude,
Assises à tout foyer,
Ayant les goûts, l'habitude,
Le sentiment pour levier,
Libres, mais toujours encloses
Dans l'enceinte de l'honneur,
Allez, allez !..... »

Il se tait ici le sage ;
Mais aussitôt s'émouvant
La foule, son entourage,
En devient l'écho vivant.
D'improvisés virtuoses
Entendez l'immense chœur :
Allez, allez ! petites choses
C'est vous qui faites le bonheur.

LA BIENVEILLANCE.

Air *du Ménage de Garçon.*

De porte en porte, le rapsode,
Cette fois fort de son dessein,
Va promenant une pagode
Qui de son cou pend sur son sein. *(Bis.)*
Il disait, heureux de son rôle,
— Celui de prêtre officiant —
A chacun : « Baisez mon idole.
« Paix à vous. Soyez bienveillant. } *(Bis.)*

Du premier pas comme un hommage
De bon, de loyal pèlerin,
Il présentait la sainte image
Et disait à son Souverain :
« Ce n'est pas un acte frivole,
« Mais un exemple édifiant :
« Mon prince, baisez mon idole.
« Paix à vous. Soyez bienveillant.

« Ma déesse à l'homme propice
« Nous dota du sens social.
« Elle-même fait l'édifice
« Avec couronnement royal.
« Vous, du temple auguste coupole,
« Son côté fort, son point saillant,
« Prince, encor, baisez mon idole.
« Paix à vous. Soyez bienveillant. »

L'apôtre en descendant du Louvre
Du puissant aperçoit l'hôtel.

Il en approche. L'hôtel s'ouvre
A son pas grave et solennel.
« Vous qui partagez l'auréole
« Dont le front des rois est brillant,
« Grand seigneur, baisez mon idole.
« Paix à vous. Soyez bienveillant.

« Celle qui m'anime est un guide,
« Un flambeau dans l'obscurité,
« Le fil conducteur du fluide
« Dans le puits de la vérité.
« Thémis empruntant mon étole
« N'aura plus de glaive effrayant.
« Magistrat, baisez mon idole.
« Paix à vous. Soyez bienveillant.

« Vous, rois aussi par l'opulence,
« Prenez et logez mon trésor ;
« Le pouvoir de la bienveillance,
« Seul, absout et bénit votre or.
« Je n'aime et n'admets qu'une pactole
« Au cours fertile, au bord riant.
« O riche, baisez mon idole.
« Paix à vous. Soyez bienveillant.

« Vivante antithèse du riche
« Votre toit est hospitalier.
« J'entre. Ma statue a sa niche
« Parmi les lares du foyer.
« Point d'envie ! elle nous affole.
« Vous portez un cœur confiant.
« Pauvre, allons ! baisez mon idole.
« Paix à vous. Soyez bienveillant. »

L'apôtre fait halte, et la foule,
Dans sa dernière station,
Qui devant lui passe et s'écoule
Reçoit sa bénédiction.
« Vous dont toujours à mon école
« Les bons instincts vont s'éveillant,
« Bon peuple, baisez mon idole.
« Paix à vous. Soyez bienveillant. »

SOYONS GAIS.

Air : *J'ons un Curé patriote.*

> La plus expresse marque de la sagesse, c'est une esjouissance constante. Son estat est comme des choses au-dessus de la lune, toujours serein. (Montaigne, *Essais,* liv. 1, chap. XXV.)

La gaîté, c'est ma devise,
Ma morale, ma leçon.
Mais, il faut que je le dise,
Minerve a lu ma chanson.
J'arbore ici son drapeau.
Tirez-lui votre chapeau.

Soyons gais, toujours gais ;
Que les soucis soient nargués,
Et nos maux seront subjugés.

J'ai l'allure du bonhomme;
Mais son apathie? oh! non.
Non, et je n'ai rien en somme
D'un disciple de Zénon.
Je n'entends point par Gaité
Dire insensibilité.
   Soyons Gais, toujours Gais; etc.

Oui, je permets une larme,
Un cri même à la douleur;
Mais je veux qu'avec mon arme
On coupe court au malheur.
Sortez, je suis médecin,
Vite ce tison du sein.
   Soyons Gais, toujours Gais; etc.

Par une injustice habile
Mon âme est flétrie un jour.
Le rejet d'un plan utile
Vient m'affliger à son tour;
Mais la rosée au matin
Rend la fleur à son instinct.
   Soyons Gais, toujours Gais; etc.

Etre gai c'est être sage,
Mais triste, c'est être fou.
Dans un pays de passage
C'est marcher la corde au cou;
C'est regarder pour mieux voir
Au travers d'un verre noir.
   Soyons Gais, toujours Gais; etc.

Qu'un pessimiste hypocondre
Se sente ronger au cœur.

Le méchant doit se morfondre.
Il existe un Dieu vengeur.
Mais nous qui croyons au bien,
Nous dont il est le lien,
   Soyons Gais, toujours Gais; etc.

Combien ma vertu dispose
Notre âme à servir autrui.
Mais l'esprit sombre et morose
Qui sert-il, si ce n'est lui ?
Jamais du spleen furibond
Vous n'obtiendrez rien de bon.
   Soyons Gais, toujours Gais; etc.

La tristesse est trop maussade;
L'ennuyé c'est l'ennuyeux.
Tenez-vous loin du malade,
Son souffle est contagieux;
Mais ouvrez double battant
A qui vous vient en chantant :
   Soyons Gais, toujours Gais; etc.

Verre en main après rasade,
Amis, il est opportun
De former une croisade
Contre l'ennemi commun.
Donnons — nous sommes en train —
Des coups de pied au chagrin.

   Soyons Gais, toujours gais;
   Que les soucis soient nargués,
Et nos maux seront subjugués.

LE TRAVAIL.

Air : *Contredanse de la Rosière,*
ou *L'ombre s'évapore.*

> .... Le travail, aux hommes nécessaire,
> Fait leur félicité plutôt que leur misère.
> (BOILEAU.)

Travaillons, mes frères,
Gagnons des salaires.
On a des misères;
On a des besoins.
Prenons de la peine.
C'est, dit Lafontaine,
Le fonds et l'aubaine
Qui manquent le moins.
  Et d'abord l'homme
  Qu'est-il en somme?
  Dirai-je comme
Machine ou bétail?
  Non sans scrupule,
  Ni préambule,
  Je l'intitule :
LE ROI DU TRAVAIL.

Travaillons. L'empire
Sur ce qui respire
Si vous l'avez, Sire,
Ce n'est qu'à ce prix.
Même la matière

Vous est réfractaire
Si vous n'êtes, frère,
Du travail épris.
  C'est l'auréole
  Comme le rôle
  Et le symbole
De tout peuple heureux ;
  Tout prince digne
  L'aime et s'assigne
  Ce titre insigne :
Roi laborieux.

Sans doute on est libre ;
Sans doute une fibre
De votre cœur vibre
A ce mot si cher ;
Mais sous cette chaîne
Que je prône et traîne,
De son gré l'on peine ;
L'homme reste fier.
  Fier personnage
  Que même l'âge
  Ne prend, n'outrage,
Ne courbe qu'envain.
  Je le relève
  Ce beau fils d'Eve
  Et mon élève
A le front divin.

Guerre à la paresse !
Mort à la traîtresse
Mère de détresse !
Fi ! du fainéant !

Je vois un mollusque
Dont mon œil s'offusque
Et que d'un pied brusque
J'envoie au néant.
   Sainte colère !
   Coup nécessaire !
   Car ne rien faire
Est le pire état.
   Au cœur il glisse
   L'amour du vice
   Et c'est justice
D'en purger l'Etat.

Mais s'il ne dégrade,
L'ouvrage maussade
Rend faible, malade,
Dit certain penseur :
Vienne le dimanche !
Et d'un coup se tranche
La question franche
Contre le censeur.
   Oui, soyons juste.
   Travail auguste
   Je vois ton buste
Que ta main coula ;
   Et, je le jure,
   La santé dure,
   La gaîté pure
Ces deux sœurs sont là.

Et tu dis critique :
Quand le corps s'applique
Que l'âme s'étrique,

Que l'esprit est mou ?
C'est de la cervelle
Nier l'étincelle
Que le choc appelle
Comme du caillou.
   Je fais enquête :
   Quoi ! la navette,
   Jacquard, t'hébête ?
Je t'invoque ici.
   Quoi ! dans l'argile
   Que ta main pile
   Ta tête file ?
Réponds, Palissy ?

Maître Adam besogne
Il chante la trogne
De Bacchus l'ivrogne
Parmi ses rabots,
C'est pourtant mon homme :
Gai, sage, économe,
Que son siècle nomme
Virgile en sabots (1).
   Voyez Esope,
   Ce philantrope
   Sous enveloppe
De nain court et gros.
   Il fait école;
   Et sa parole
   Roule un pactole
De trésors moraux.

(1) Billaut, surnommé maître Adam, menuisier à Nevers, était à la fois un épicurien sans libertinage et un stoïcien. — On a dit aussi de lui que si Epicure et Zénon avaient vécu de son temps, il les aurait fait boire ensemble.

Par l'oisif bannie,
La vertu bénie
Au travail unie
D'un pacte éternel,
Est une déesse
Qui, dans sa tendresse,
Dota de noblesse
Son époux mortel.
   Union belle!
   Ayons soin d'elle.
   C'est sous son aile
Qu'on a de beaux jours.
   La plante riche
   Meurt sur la friche,
   Mais croît et niche
Sur de forts labours.

Le travail, mon frère,
D'un dieu de colère
N'est point sur la terre
L'arrêt prétendu ;
Comme don, service,
Comme bénéfice
D'un ciel plus propice
L'ordre est descendu.
   Sans doute prompte
   La sueur monte
   — Et j'en tiens compte —
Au front du labeur ;
   Là, le mérite,
   Et tout ensuite
   Le pain, le gîte,
Tout en est meilleur.

Travaillons. L'offrande
L'Etat la demande
Et pour vous est grande
La voix du pays :
Quand l'intérêt pousse
La peine s'émousse;
On prend son escousse,
On dit : j'obéis.
 Allons! courage!
 Qu'à son ouvrage
 Chacun s'étage.
Là se fait le bien.
 Là votre trône.
 Car là rayonne
 Votre couronne
De bon citoyen.

Et s'il meurt à l'œuvre,
Soit maître ou manœuvre,
Héros de mon œuvre,
Gloire au travailleur!
Le brave succombe.
Qu'alors sur sa tombe
Cet éloge tombe :
« Mort au champ d'honneur. »

SOYONS TOLÉRANTS.

Air : *Bababa, balancez-vous donc.*

Sur l'homme le droit de censure

S'exerce à ces conditions :
Vous lui passerez sa figure,
Passez-lui ses opinions. *(Bis.)* (1)
De ses actes seuls responsable,
Ses actes seuls le font coupable.
Mes frères, soyons tolérants :
La pensée est inviolable.
Mes frères, soyons tolérants,
Riches, petits, pauvres et grands.

Mais vous qui, de la tolérance,
Niez le besoin, le devoir,
Je vous accuse d'ignorance,
D'orgueil ou de mauvais vouloir. *(Bis.)*
Faible et peccable autant qu'un autre,
Notre loi doit être la vôtre.
Mes frères, soyons tolérants :
Nul n'est excepté par l'apôtre.
Mes frères, etc.....

Jadis dans une loi contraire
La charité se fourvoyait.
Par la croyance on était frère,
Et sous le glaive l'on croyait. *(Bis.)*
Hélas! alors loin de sa voie
Notre vertu se tenait coie.
Mes frères, soyons tolérants :
A l'œuvre il est temps qu'on la voie.
Mes frères, etc....

Mais aujourd'hui, par sa conquête,
Des ténèbres débarrassé,

---

(1) Dans un autre sens de la tolérance Caton disait : *Je pardonne toutes les fautes, excepté les miennes.*

Le siècle a le pied sur la tête
Du dragon par lui terrassé. *(Bis.)*
On respire, et, sans danger, certe,
La pensée a sa cage ouverte.
Mes frères, soyons tolérants :
C'est la paix qui nous est offerte.
Mes frères, etc.....

Sur la terre avec l'indulgence
Notre foi fera son chemin.
Les deux sœurs vont d'intelligence
Émancipant le genre humain. *(Bis.)*
Sans bûchers et sans ostracisme
J'aime ainsi le prosélitisme.
Mes frères, soyons tolérants :
Premier point de mon catéchisme.
Mes frères, etc.....

Oui, sur la terre, simples hôtes,
Souffrons-nous l'esprit différent.
Souffrons l'erreur, souffrons les fautes,
Souffrons jusqu'à l'intolérant. *(Bis.)*
Que les beaux effets qu'il contemple
L'amènent libre à notre temple.
Mes frères, soyons tolérants :
On convertit mieux par l'exemple.
Mes frères, etc.....

Mais contre le vice lui-même
Peut-être, hélas! mal enterré,
Pour soutenir notre anathème,
Formons le bataillon carré. *(Bis.)*
Que par la force ou par la trame
Jamais le monstre ne l'entame.

Mes frères, soyons tolérants :
C'est l'état le plus saint de l'âme.
Mes frères, restons tolérants,
Riches, petits, pauvres et grands.

LE DEVOIR.

Air : *A soixante ans.*
ou : *Contentons-nous d'une bouteille.*

Amis, ici dans les flancs de mon thème
En vain palpite un sujet grave et long.
Soyons succinct. Repoussons le poème :
Aux courts refrains se plaît mon Apollon.
Je dis : De maux Pandore nous inonde;
Mais, au torrent opposant son pouvoir,
Un dieu meilleur jette au milieu de l'onde,
Pour nous sauver, la planche du Devoir.

Avec orgueil, signalons la merveille :
L'humanité s'en allait à vau-l'eau.
Elle vivra, se fera grande et vieille
Grâce au support du divin soliveau.
En butte aux vents, jouet de son caprice,
Sans gouvernail, sans connaître, sans voir,
L'homme en effet échappe au précipice :
Il a saisi la planche du Devoir.

Louange donc au vainqueur de Pandore :
Glorifions son moyen de salut.
Mais d'autres biens il est la source encore.

Ainsi du dieu la bonté le voulut ;
J'en fais l'épreuve. Au courant de ma vie
Le roulis vient doucement m'émouvoir.
L'intime joie ici-bas poursuivie
N'est qu'à ton bord, ô planche du Devoir !

Voyez ce mât, entrant à toutes voiles
D'un long voyage à la fin dans le port.
Il a subi ses diverses étoiles ;
Mais lentement il a chargé son bord.
S'il rentre plein, il était parti vide.
Pour s'enrichir son secret, son savoir,
Gît en cela qu'il avait pris pour guide,
Pour remorqueur la planche du Devoir.

Régulus meurt fidèle à sa parole.
C'est le héros, le martyr du serment.
D'Assas aussi, Décius de la Gaule,
Tombe illustré par un beau dévouement.
Pourquoi leurs noms traversent-ils les âges ?
C'est que toujours, dans son grand réservoir,
L'histoire met à l'abri des orages
Et tient à flot la planche du Devoir.

Après salut, fortune, joie et gloire,
Je dis qu'aussi, par l'honneur piloté,
Fais ce que dois est l'ais obligatoire
Qui mène l'homme à la félicité.
Pour aborder cette île reculée
Point n'est, mortel, de récif à prévoir :
La passe est libre et vous entrez d'emblée
Si vous montez la planche du Devoir.

LES PROCÈS.

Air : *Halte-là! la garde royale est là.*

Justice, ô déesse occulte,
Besoin sacré des mortels,
Dans tous les cœurs est ton culte,
Ton idole et tes autels;
Mais hors de ce temple intime,
On t'aborde avec effroi.
Sentiment bien légitime :
Mon refrain dit le pourquoi :
  Les procès *(Bis.)*
Seuls nous ouvrent ton accès.

Les procès... mais à deux faces
Ces louches introducteurs
Promettent tes bonnes grâces,
Justice, à tous les plaideurs.
Hélas! après la bataille,
De débris le champ couvert,
Tu leur offres une écaille;
Nul ne gagne et chacun perd.
  Les procès *(Bis.)*
Sont des luttes sans succès.

La Chicane au nom sinistre
Tient la balance au faux poids;
Dans les mains d'un tel ministre
L'innocence est aux abois.
Il l'enlace dans la forme;
Puis le monstre la confond

Par cette maxime énorme :
La forme emporte le fond.
   Les procès *(Bis.)*
N'ont que trappes et lacets.

Vous bravez l'aspect lugubre
De son temple et de sa cour.
Mais prenez garde : insalubre
Est la plage et le séjour.
Là, le sang s'aigrit, s'altère
Au feu d'incessants débats.
Dans un milieu délétère
On délire, on ne vit pas.
   Les procès *(Bis.)*
Sont la fièvre et ses accès.

Vous plaidez cause minime,
Mais l'inconnue est dedans.
Quelque démon l'envenime
D'incidents sur incidents.
Alors le combat dévie :
De la fortune à l'honneur,
Tout y passe fors la vie
Que doit user le malheur.
   Les procès *(Bis.)*
Sont la guerre et ses excès.

Les litiges ont leurs astres (1),
Leur glaive de Damoclès,
Et leur foyer de désastres
Trop souvent même au palais.
Contre leur male influence

(1) *Habent sua sidera lites.*

Amis, ici, hautement
Liguons-nous; et l'alliance
Scellons-là par le serment
  Des procès *(Bis.)*
De purger le sol français (1).

L'INÉGALITÉ.

TABLEAU : Un mari, sa femme à son bras tenant leur fils par la main, avec ces mots au-dessous : INÉGALITÉ et UNION.

Air *du vaudeville de Préville*
et Taconnet.

—

Egalité, tu fus une conquête,
Puis un besoin du monde social;
Mais ton soleil qui l'échauffe s'arrête
Sur les confins du domaine légal.
Là, plus modeste, une autre étoile éclaire;
Un autre instinct régit l'humanité.
Soleil, pardon, je chante ton contraire :
L'astre éternel de l'Inégalité.

Oui, la nature en des moules semblables
Fait les mortels qu'elle envoie ici-bas.
Semblables, soit, comme elle fait les sables,
Mais non égaux, elle n'en produit pas.
Allez, soldats qu'à mes lois je confie,
Dit-elle; il sied à mon immensité

(1) Vœu stérile de Chansonnier. Il n'est pour le réaliser, sinon en la totalité du moins en grande partie, qu'un législateur et un législateur souverain et résolu.

Que vous marchiez au combat de la vie,
Au pas rompu de l'Inégalité.

C'est notre loi dominante, certaine.
D'âme et de corps nous sommes différents.
D'ordre absolu, dans notre ruche humaine
Nous travaillons, petits, moyens et grands.
Je dis : à part l'origine commune,
Et sauf aussi les fins, la dignité,
Nul entre nous n'a d'égale fortune
Qu'en ce qu'il est dans l'Inégalité.

Le bel état, certes, qu'on nous propose !
Tous même esprit, mêmes dons, même sort.
Aveugle orgueil ! que serait-ce autre chose
Sinon l'ennui, l'inertie et la mort ?
Soyons tous grands; quel mérite a la taille ?
Soyons tous beaux ; que devient la beauté ?
Allons ! plus vrais, retournons la médaille :
C'est un bienfait que l'Inégalité.

Voyez la vie entrer dans la machine
Au souffle, au gré du classificateur.
Sa place à tout. C'est la flamme divine
Du Prométhée artiste créateur.
Corps social, ainsi ton jeu s'ordonne,
Ainsi les rangs fondent ton unité.
La paix s'assied et l'ordre s'échelonne
Sur les gradins de l'Inégalité.

Vous la niez ; mais morale ou physique
Partout, en tout je vois son élément.
Bannissez-la de votre république :
Le décret parle et le fait le dément.

Son nom sans doute, il n'est point populaire,
Il est fâcheux comme la vérité ;
Mais, je l'ai dit : même entre frère et frère
Le fait vivant : c'est l'Inégalité.

Grands niveleurs, contre un affreux régime
Vous ordonnez un assaut général,
Et vous allez par un effort sublime
Fermer cet antre où s'ourdit tout le mal.
Ingrats ! eh bien ! au milieu de ce rêve,
De vos dédains le régime insulté,
Pour se venger, vous porte et vous élève
Sur le pavois de l'Inégalité.

Ses fers, mon Dieu ! meubles de la famille,
Mais là surtout, de gré nous les traînons.
Là pour ma part, à leur poli qui brille
J'aime, en jouant d'en compter les chaînons.
Du vrai toujours interrogeons la corde :
« Epoux, enfant, humaine trinité,
« Dites : à quoi devez-vous la concorde ? »
Au joug béni de l'Inégalité.

Quoi, tous égaux ! bobines alignées,
Du même train tournant les mêmes tours,
Nous verrions donc sur places assignées
Fatalement se dévider nos jours !
Non, non. Cela, c'est un droit de machine,
Droit révoltant pour notre liberté.
Plus large, et juste et sainte est ma doctrine :
Vive le droit de l'Inégalité.

Amis, divers d'humeur et de mesure,
Divers de goûts, le niveau vous va mal.

Clubs du plaisir, toute loi qui pressure
Est condamnée à votre tribunal.
Là, dans vos jeux quand ma cause s'appelle,
Seule propice à leur diversité,
Un chœur d'accords me répond et se mêle
A mon refrain de l'Inégalité.

VIVE L'INÉGALITÉ.

Air *du vaudeville de la Petite Gouvernante.*
ou *de ma République.*

L'égalité.... mais dans sa sphère,
Je l'aime autant que vous, morbleu !
Hors de là c'est une autre affaire :
Elle brouille et fait perdre au jeu.
Sauf l'amour qu'au fond je lui garde,
Je dis en toute liberté :
Ici, je prends l'autre cocarde ;
Et vive l'Inégalité.   *(Bis.)*

La force unie à la faiblesse,
Le sentiment à la raison,
A la crainte la hardiesse
Des époux fondent la maison.
De cette alliance ordinaire
Je suis le fruit, tout bien compté.
Je ne puis rougir de ma mère :
Et vive l'Inégalité.

L'Inégalité fait la force.

Voyons passer un régiment.
L'uniforme est bien son écorce,
Mais l'arbre a plus d'un élément.
Que de rangs dans cet assemblage,
De degrés dans cette unité!
Saluons la force au passage...
Et vive l'Inégalité.

La ressemblance nous rapproche;
La différence nous unit.
L'une de l'œuvre a fait l'ébauche,
L'autre la prend et la finit.
Des contrastes c'est la victoire
Sur la loi de conformité (1).
Je m'empare de cette gloire;
Et vive l'Inégalité.

Ici-bas, l'un l'autre on s'étaie.
Le docte dans ce grand ouvroir,
Sans l'ignorance qui le paie,
Que ferait-il de son savoir?
Au petit je prête ma taille,
Il me rend sa dextérité.
Tous ont leur lot; nul qui ne vaille;
Et vive l'Inégalité.

Qu'appelez-vous donc harmonie
Sinon l'accord de sons divers?
Entendez-vous la symphonie
De l'ensemble de l'univers?
La terre, le soleil, la lune

(1) *Les contrastes nourrissent l'amour et tuent l'amitié,* a dit un moraliste (DE BELLISLE). J'ai des preuves de son erreur sur ce dernier point.

— Quel trio! quelle autorité! —
Nous prêchent cette loi commune;
Et vive l'Inégalité.

Qu'admirez-vous dans la prairie?
Un tapis diapré de fleurs
Dont chacune d'aspect varie,
De port, de parfum, de couleurs,
La brise berce leurs corolles;
Et par le spectacle exalté
Vous vous joignez à mes paroles :
Et vive l'Inégalité.

L'amitié doit à l'alliage
D'être un commerce doux et sûr.
Quand son lit est un cailloutage
Le ruisseau n'en est que plus pur.
Mes amis, ma voix vous réclame
Pour sceller cette vérité,
Embrassons-nous du fond de l'âme;
Et vive l'Inégalité.

LA MODE.

Air : *C'est l'amour, l'amour, l'amour...*

REFRAIN :

C'est moi qui publie un ban,
Une ode
Contre la mode,
Et qui dis avec élan :
La mode est un tyran.

Tyran qui met à sec vos bourses,
Qui saigne à blanc votre santé;
Tyran qui puise ses ressources
Dans l'impôt sur la vanité.
    Vanité déplorable,
    Je t'accuse après lui.
    Serait-il né viable
    Sans toi, sans ton appui ?

  C'est moi qui publie un ban,
      Une ode
    Contre la mode,
  Et qui dis avec élan :
    La mode est un tyran.

Tyran qui diffère des autres.
Il vous attaque par le cœur.
Ses armes... il se sert des vôtres
Et c'est par vous qu'il est vainqueur.
    Vous le portez, esclave,
    Ce vainqueur absolu;
    Et le mal est très-grave,
    Car vous l'avez voulu.
  C'est moi qui publie un ban, etc.

Tyran rusé, tyran femelle,
C'est l'enchanteresse Circé.
Elle vous prend, vous ensorcelle,
Au faux jour vous êtes bercé.
    Sous le charme tout change.
    Le vieux devient nouveau,
    Le naturel étrange,
    Et le laid, c'est le beau.
  C'est moi qui publie un ban, etc.

La fée au char multicolore
Plane et rayonne dans les airs.
Comme le jour allant éclore,
C'est l'attente de l'univers.
 Paraît-elle, on l'admire,
 Et le monde joyeux,
 Chaque matin, se mire
 A son front radieux.
C'est moi qui publie un ban, etc.

Tel veut la fuir, mais la traîtresse
Saute à cheval sur son esprit,
A son allure elle le dresse
Et de chimères le nourrit.
 Alors, sûre est la proie
 Qui se livre à son cours,
 Sur l'abîme on tournoie,
 Mais on s'y perd toujours.
C'est moi qui publie un ban, etc.

Sultan, le luxe est son prophète,
Le caprice son grand-visir ;
Son Egérie est la toilette,
Son porte-enseigne le plaisir.
 Plaisir, trompeuse enseigne,
 Le mécompte te suit.
 C'est un motif du règne :
 Ce n'en est pas le fruit.
C'est moi qui publie un ban, etc.

Regardez : l'idole grimace
Souvent à travers ses atours.
Le ridicule la menace,
Mais elle en triomphe toujours.

Près du sien ton empire,
Ridicule, est un jeu.
J'y vois un bloc de cire
Luttant contre le feu.
C'est moi qui publie un ban, etc.

O honte! elle a fait tributaires
Et morale et religion;
L'honneur même aux formes austères
Trempe dans sa contagion.
    Pour elle la décence,
    Hélas! compte pour rien.
    On montre sa licence :
    On passe; tout est bien.
C'est moi qui publie un ban, etc.

Quel délire! Du sacrifice
Victime, on orne le bandeau.
On porte la croix du supplice
Et l'on conteste le fardeau.
    La douleur capitule.
    On souffre, on est content.
    Tel le soleil nous brûle;
    Nous l'aimons nonobstant.
C'est moi qui publie un ban, etc.

Partout je vois son homme en scène:
Au cercle, au forum, au foyer.
Toujours il y porte sa chaîne
Et la marque de son collier.
    Quel maître! hommes et choses
    Façonnés par ses doigts,
    Tout, les effets, les causes,
    Tout se pèse à son poids.

C'est moi qui publie un ban, etc.

Je n'exagère point sa force :
L'effet en est prodigieux.
Jolie ou laide, droite ou torse
Elle y soumet jusqu'à nos dieux.
 Oui, nos rois sur la terre,
 Ces jupiters-tonnants,
 Déposant leur tonnerre,
 Se font ses lieutenants.
C'est moi qui publie un ban, etc.

Eh bien ! cette force on la brave ;
On tourne le dos au tyran.
On le méprise et l'on est brave ;
On le méprise et l'on est grand ;
 Oui grandeur, oui courage
 Impliquent ce mépris,
 Et philosophe et sage...
 On ne l'est qu'à ce prix.
C'est moi qui publie un ban, etc.

Mais est-il sage et philosophe
Celui que la folle amollit,
Qui ne porte que son étoffe,
Qui ne couche que dans son lit ;
 Qui vit toujours malade
 Ivre de son poison
 Et compromet le grade
 D'animal à raison ? (1)
C'est moi qui publie un ban, etc.

(1) L'empire de la mode fait des bêtes de ceux qui s'y soumettent.   (Miss Edgeworth.)

Enfin, esclave, du courage !
Tes membres ne sont que pliés.
Contre le joug de l'esclavage
Je t'aide à le fouler aux pieds.
 Un seul effort suprême,
 Et tes fers sont rompus.
 Tu te conquiers toi-même ;
 Et le tyran n'est plus.

C'est moi qui publie un ban,
 Une ode
 Contre la mode,
Et qui dis avec élan :
La mode est un tyran.

LE DUELLISTE.

Air : *Gai, gai, marions-nous* ou *Feu, feu, monsieur Mathieu.*

 Gai, gai ! c'est le duel
  Qui m'enchante,
  Que je chante.
 Gai, gai ! c'est le duel
 Mon refrain perpétuel.

Au fait, pourquoi vivons-nous,
Si ce n'est pour nous combattre ?
Pourquoi brave comme quatre,
Sinon pour donner des coups ?

Gai, gai ! c'est le duel
Qui m'enchante,
Que je chante.
Gai, gai ! c'est le duel
Mon refrain perpétuel.

Guerre quand je suis entrain
Au moindre mot qui me fâche ;
Monsieur rit ou monsieur crache :
Il ira sur le terrain.
Gai, gai ! c'est le duel, etc.

Ma maîtresse est à mon bras.
Un fat passe et l'envisage :
« Ton regard suspect m'outrage ;
« Insolent, tu te battras. »
Gai, gai ! c'est le duel, etc.

S'il fait le sourd à l'appel,
Moi j'ai flairé ma victime.
Je frappe, un affront l'anime :
Il accepte le cartel.
Gai, gai ! c'est le duel, etc.

Pourquoi plaindrais-je son sort ?
Il est de trop sur la terre.
J'allonge mon cimeterre
Et voilà mon homme mort.
Gai, gai ! c'est le duel, etc.

Ne dites point : assassin.
Il faut une proie aux aigles.
Je l'ai tué dans les règles,
Comme eut fait un médecin.
Gai, gai ! c'est le duel, etc.

Dans ce monde aurais-je tort
D'être fier de la victoire?
Ne va-t-elle pas la gloire
Au plus habile, au plus fort?
    Gai, gai! c'est le duel, etc.

Amis, — si j'ai des amis —
Voyons! cherchons-nous querelle.
J'aime le sang qui ruisselle,
J'aime les jours compromis.
    Gai, gai! c'est le duel, etc.

Mais cette fois à son tour
Succombe le matamore
Qui, mourant, soupire encore
Son lugubre chant d'amour :

    Gai, gai! c'est le duel
        Qui m'enchante,
        Que je chante.
    Gai, gai! c'est le duel
    Mon refrain perpétuel.

LA SINCÉRITÉ.

Air : *Muse des bois et des accords champêtres,*
ou : *La bonne Vieille.*

        Vitam impendere sinceritati.

Vers la vertu qui gouverne ma vie
Pendant l'élan de ma dévotion,

Et dans l'extase où mon âme est ravie,
Quelle est soudain cette apparition ?
Candeur au front, torse droit, franche allure,
Cœur diaphane et sur la main porté,
Bouche entr'ouverte et sereine figure.....
Un hymne, muse, à la Sincérité.

Pourquoi, vertu, seule sans auréole,
Pourquoi cachée au milieu de tes sœurs ?
Marche moins humble, intime et noble idole,
Tous les mortels, tous sont tes confesseurs.
Don précieux, tu fais que l'homme est homme,
Qu'il a, qu'il sent, qu'il veut sa dignité !
Tu viens du Ciel, les cœurs sont ton royaume.....
Le premier rang à la Sincérité.

De la parole elle est contemporaine ;
Et la parole en est le truchement.
Injurieux à la nature humaine,
C'est ton propos, diplomate, qui ment (1).
Il ment. Et lorsque un roué nous assiége,
Quel est le fort de son habileté ?
La bonne foi, la franchise est son piége.....
Hommage clair à la Sincérité.

Il fut, dit-on, une école fameuse
Où de l'esprit l'abus en cent façons
Rendait, hélas ! la morale boiteuse ;
Où de mensonge on donnait des leçons.
Honte ! mais non, Port-Royal calomnié.
L'homme de Dieu prêcher la fausseté !.....

(1) La parole a été donnée à l'homme pour déguiser sa
pensée, a dit le prince de Talleyrand.

Consolons-nous; s'il le fait il le nie.
Hommage encore à la Sincérité.

Non, non; à part que le mensonge est vice,
Et qu'à ce titre il est toujours honteux,
Il n'est pas sûr, il trahit son complice,
Le compromet et le rend odieux.
Autre est le sort fait à l'âme loyale.
Elle a profit, honneur et sûreté.
Vice et vertu sont de force inégale.
Gloire et triomphe à la Sincérité.

Sur son contraire est-ce assez d'avantage ?
Non. Au tableau manquait le plus beau trait :
A tous les yeux, en tous temps, à tout âge,
Sans artifice, elle se montre et plaît.
Double attribut : elle est simple, elle est belle;
Voilà le sceau de sa divinité.
Prosternons-nous; que nos cœurs soient pleins d'elle.
Culte éternel à la Sincérité.

Et quand, amis, un festin domestique
A mon foyer vous réunit parfois,
Qu'aux gais propos un courant sympathique
Livre vos cœurs sans réserve, sans lois,
Pour un instant dans une foi commune
Recueillez-vous, trêve à votre gaîté.
L'appel est bref, la prière opportune :
Un coup, un toast à la Sincérité.

LA BONNE MÈRE.

Air de la Piété filiale.

Debout et penchée à demi,
 Le sein gonflé, les yeux en flamme,
A mon pinceau se présente une femme
Près du berceau d'un enfant endormi.
 Loin de toi, créature chère,
 Va mourir tout bruit importun ;
Ta garde veille : ah ! n'en redoute aucun,
 Car la garde est la bonne Mère. *(Bis.)*

 Devant un lion furieux
 Toute une ville (1) était en fuite.
Un enfant tombe, et l'animal de suite
Entre ses dents prend le mets précieux ;
 Mais les cris, la douleur amère
 D'une femme à l'air éperdu
Touchent la bête et l'enfant est rendu
 Aux transports de la bonne Mère.

 Je fais deux parts de votre enfant,
 Dit une sentence fameuse (2).
Partageons, soit, répond une plaideuse ;
Mais c'est un meurtre et l'autre le défend.
 Sur cette réponse sommaire :
 « *Plutôt qu'il vive et qu'il soit sien* »
Le juge-roi prononce : il vivra tien,
 Toi la vraie et la bonne Mère.

(1) Florence.
(2) Le jugement de Salomon.

D'une femme auprès de son fils
La tendresse est toujours en armes.
S'éloigne-t-il? ce seront des alarmes,
Des rêves noirs peuplant toutes ses nuits.
Revient-il d'un autre hémisphère
L'enfant de vingt ans plus âgé?
Il trouve, hélas! tout vieilli, tout changé,
Hors le cœur de la bonne Mère.

On vous demande des remords,
Du repentir, homme coupable;
Un père même attend ce préalable
Pour qu'une grâce aille effacer vos torts.
Sans condition, sans prière,
Une femme absoudra son fruit.
Pardon toujours et pardon gratuit
Est celui de la bonne Mère (1).

Seule, il est vrai, la Charité
Chez l'être souffrant fait miracle;
Mais là surtout, c'est bien un autre spectacle
Quand vient le tour de la maternité.
Elle a son secret sanitaire :
Le baume de l'affection.
Verser son âme avec la potion
N'appartient qu'à la bonne Mère.

Comme moi, vous tous orphelins
Que mon sujet ici remue,
Sympathisant avec mon âme émue,
D'un souvenir sacré vous êtes pleins.

(1) L'amour de la mère, en ceci, est supérieur (si j'ose le dire) à celui de Dieu même.

En présence d'une ombre chère
Que nous évoquons à genoux,
Pour tout éloge, amis, écrions-nous :
Oh! j'avais une bonne Mère. *(Bis)*

LA BONNE ÉPOUSE.

Air : *Ah! Daignez m'épargner le reste!*

O pouvoir d'un *oui* solennel !
La fille se transforme en femme,
Un nœud s'est fait double, éternel
Et deux corps n'auront plus qu'une âme.
Dans un sujet faux, décevant
Ne dites pas que je me blouse;
Je peins sur modèle vivant *(Bis.)*
Quand je vous peins la bonne Epouse.

Un doux, un saint engagement
De part et d'autre se contracte;
Mais là, je le dis hardiment,
L'homme gagne le plus au pacte.
Ce qu'il gagne, qu'il aura pris,
Ce n'est point de l'or de Toulouse (1);
C'est le bonheur, un lot sans prix :
Il possède la bonne Epouse.

La bonne Epouse.... elle est d'abord
La fleur embaumant votre vie.

(1) Avoir de l'or de Toulouse, *habere aurum tolosanum* est une locution qui s'applique à l'homme toujours malheureux dans ses entreprises.

Avec elle c'est sans effort
Que la pente en sera gravie.
Vous marcherez sur un chemin
Sablé fin, bordé de pelouse;
Les ronces meurent sous la main,
Au souffle de la bonne Epouse.

Que si le destin en courroux,
En dépit du paratonnerre,
Lance quelque foudre sur vous,
Ou sourdement vous fait la guerre,
Sur votre âme pour la douleur
S'ouvre une exhalante ventouse,
Et cette ventouse est le cœur,
Le cœur fort de la bonne Epouse.

De la mère aussi j'ai chanté
Les affections émouvantes.
Mettrons-nous en rivalité
Deux natures les plus aimantes?
A l'envi de notre bonheur
Chacune, sans doute, est jalouse;
Mais faut-il opter?... Sur l'honneur,
La palme est pour la bonne Epouse.

Maris, soyons fiers d'un amour
Où je retrouve, où j'énumère
Avec l'épouse, tour à tour
Amante, sœur, amie et mère.
Quelle force! et ne craignez pas
Qu'il se déchire ou se découse (1).

(1) L'amitié, disait Caton l'ancien, *doit se découdre et non point se déchirer.* — *Il faut,* disait le maréchal de Richelieu, *découdre l'amitié et déchirer l'amour.*

C'est immuable et le trépas *(Bis.)*
Seul détruira la bonne Épouse.

LA FEMME FORTE.

Air :

Mulierem fortem quis inveniet?

De toute part, ô pauvre humanité,
Comme sur toi chacun lance anathème !
Qu'importe à lui si par le coup porté
Le malheureux il se blesse lui-même.
L'un vous dira, sa lanterne à la main (1) :
« Il n'est point d'homme, ou la race en est morte. »
L'autre (2) indiquant qu'on chercherait en vain :
« Qui trouvera, dit-il, la Femme forte ?

L'homme.... pour moi l'histoire répondra.
La Grèce et Rome en eurent plus d'un type.
La femme.... ici ma voix la défendra;
Mais, avant tout, convenons du principe.
Celle au cœur mâle et de stoïcien,
Ayant l'honneur, la vertu pour escorte,
Pour qui la mort, la douleur ne sont rien,
N'est-elle pas, pour vous, la Femme forte ?

Lucrèce a pu se laisser outrager;
« Déshonorée on ne vit pas, dit-elle.

(1) Diogène.
(2) Salomon, proverbes, chap. XXXI, ver. 10.

« Je meurs. A vous mes parents de venger
« La fille honnête et l'épouse fidèle. »
Une autre a dit, après le coup fatal :
« Mourons, Pétus, sauvons-nous de la sorte;
« Prends le poignard, ça ne fait point de mal (1). »
Sous ces traits-là l'on est la Femme forte.

Faut-il citer l'esprit religieux ?
A mon sujet le mobile est connexe.
Là, d'énergie il est prodigieux
L'homme en tous temps et surtout l'autre sexe.
Là, rengainez, censeur, votre dédain.
Si de la foi vous frappez à la porte,
Mille témoins s'élèveront soudain
Qui vous feront croire à la Femme forte.

Certe, il n'est pas que la religion
Qui pour la femme ait un martyrologe.
A chaque belle et noble passion
Je vois le sien lorsque je l'interroge.
Sur tant de cœurs dès longtemps aguerris
Un jeune cœur en vaillance l'emporte.
C'est Jeanne d'Arc mourant pour son pays :
La jeune fille était la Femme forte.

Saine de cœur, saine d'entendement,
Dans ses devoirs la femme inébranlable,
Par la raison réglant le sentiment,
Est-elle donc un phénix (2) introuvable ?

(1) *Pæte non dolet, Pétus, ça ne fait point de mal*, dit Arria en présentant le poignard dont elle venait de se frapper, à son mari poursuivi par des soldats qui allaient l'atteindre.

(2) *Le Phénix est une femme visive et sage.* (PYTHAGORE.)
— Autre détracteur de l'espèce humaine !

Non, non. Je dis : ici l'oracle est faux.
Contre le sexe une quinte l'emporte.
Le misanthrope a lu dans ses défauts.
Dans ses vertus je lis la Femme forte.

Oui, mes amis, cherchez autour de vous.
Il n'est pas loin, allez, le phénomène (1).
Dans l'infortune admirez deux époux
Dont le plus faible a l'âme surhumaine.
De tous les maux contr'eux associés
Elle combat sans cesse la cohorte.
Elle en triomphe et vous vous écriez :
Je l'ai trouvée, amis, la Femme forte.

PENSE BIEN.

Air : *Je loge au quatrième étage.*

> Je voi la pluspart des esprits de mon temps faire les ingénieux à obscurcir la gloire des belles et généreuses actions anciennes, leur donnant quelque interprétation vile et leur controuvant des occasions et des causes vaines : grande subtilité ! Qu'on me donne l'action la plus excellente et pure, je m'en voys y fournir vraysemblablement cinquante vicieuses intentions. (Montaigne, liv. I, chap. XXXVI.)

Non. Je ne puis garder mon flegme
Quand j'entends murmurer tout bas
Ce diabolique apophtegme :

(2) C'est un phénomène que de rencontrer une femme qui fasse le bonheur de son mari. (Madem. de Sommery.) — Encore un général qui tire sur ses troupes !

Pense bien, tu devineras. (Bis.)
Pour savoir le vrai sur ton frère
Oh ! ce n'est pas le bon moyen.
Ami, prends la route contraire,
Tu devineras, PENSE BIEN.

Il avait l'esprit en délire
L'auteur de l'indigne conseil.
Il traduisait par la satire
Un mauvais rêve à son réveil.
Le méchant rêve des semblables,
Pessimiste logicien.
Le bon croit aux motifs louables :
C'est là ton rôle. PENSE BIEN.

Comparons-nous les deux préceptes ?
Le premier morose, au teint noir,
Voilant d'un crêpe ses adeptes,
De sa couleur les force à voir.
Des gazes d'une autre nuance
Se couvre le second, le mien.
Il voit tout par la bienveillance.
Choisis celui-ci. PENSE BIEN.

Oui. Dans le champ de ma lunette
Toujours mon prochain est placé.
J'y vois ce qu'il est : franc, honnête
Et je le suis à ce tracé.
Mais le lorgnon de la malice
Fait laid, déroute, ne vaut rien.
Il nous mène au bouge du vice.
Tu veux la vertu. PENSE BIEN.

De plus près regardons en face
Le détracteur du genre humain ;

Dans le cœur il a de la glace
Et des faux poids sont dans sa main.
La calomnie est sa pâture ;
Suspect, oblique est son maintien.
Mon frère, il a l'haleine impure ;
Détourne-t-en et PENSE BIEN.

Oh ! contemplons l'ami de l'homme,
Un bel ange au cœur bon et droit,
Qu'autour de lui trahit l'arôme
Des vertus, auxquelles il croit.
De nos actes qu'il interprète,
Dans l'honneur notre plus grand bien,
Il place la cause secrète.
Suis ce modèle : PENSE BIEN.

Que dirons-nous du diplomate
Qui prend la parole à rebours ?
C'est l'émule de l'acrobate ;
Irons-nous applaudir ses tours ?
Ami, mais toute la science
De l'orgueilleux tacticien
Gît à nier la conscience.
Dieu t'en préserve, et PENSE BIEN.

Que l'espion, le commissaire
De penser mal fassent un art ;
Pour ceux-là le soleil n'éclaire
Qu'en temps d'orage ou de brouillard.
Les bas-fonds où leur œil pénètre
N'ont point de clarté pour le tien.
On les dit utiles, peut-être,
Ami, plains-les et PENSE BIEN.

Honni soit donc qui de son frère
Va dénigrant l'intention.
Honni soit-il. Sur ma bannière
Lisez cette imprécation. *(Bis.)*
Le fiel n'est pas dans ma nature ;
Mais je reprends un mot ancien (1) :
Honni soit-il ; c'est la bordure   } *(Bis.)*
De ma devise : Pense bien.

DEUX ET DEUX FONT QUATRE
OU LA CERTITUDE MATHÉMATIQUE.

Air :

—

Il me souvient d'un fou de mon quartier,
Un géomètre-expert dans le village,
Dont le cerveau n'avait de son métier
Gardé qu'un mot, qu'un chiffre à son usage.
Nous l'agacions, enfants, le fou Thomas ;
Et sa réponse à la troupe folâtre
Etait toujours la même phrase, hélas !
Je sais, je sais que deux et deux font quatre.

Le savait-il ? Non ; mais il l'avait su.
Car de lui-même il n'a plus connaissance ;
Et s'il répète un son jadis perçu,
C'est machinal que sa réminiscence.
Cruel état qui fait comprendre aussi

(1) Honni soit qui mal y pense.

Que, du vrai seul son esprit idolâtre,
De son vivant le résuma ainsi :
Je sais, je sais que deux et deux font quatre.

Ne rions pas de la banalité.
L'homme de sens n'a pas le droit d'en rire.
La vérité, dans tout la vérité,
Des grands esprits, voilà le point de mire.
On vise bien, mais on ne l'atteint pas;
Et, fatigués d'un tir opiniâtre,
On en revient au propos de Thomas :
Je sais, je sais que deux et deux font quatre.

Tel mourut jeune et vécut pour souffrir;
Tel bien portant mourra, mais centenaire (1).
Tel astre au ciel qu'on n'y peut découvrir
Brille, inconnu par delà notre sphère.
Pourquoi? pour qui? Je laisse ces secrets
A vous savants qui voulez les débattre.
Je suis plus humble et je répète exprès :
Je sais, je sais que deux et deux font quatre.

Vous connaissez un mot d'un sage ancien,
Un autre aussi qui lui fera cortége.
Socrate parle : IL SAIT QU'IL NE SAIT RIEN.
Montaigne arrive et vous répond : QUE SAIS-JE ?
Non jusque là, la science pour vous,
Grec et Français, ne fut point si marâtre,
Et vous pouviez vous dire, et mieux que nous :
Je sais, je sais que deux et deux font quatre.

Oh ! la science a des ravissements
A démonter l'âme qui la possède.

(1) Xénophile, le musicien, cité par Valère-Maxime, vécut 106 ans dans une santé parfaite.

Parfois, hélas! cruelle à ses amants,
Elle eut jadis pour victime Archimède.
Astre éclatant! car, soumise avec lui,
La vérité le chauffait à son âtre :
La vérité d'alors et d'aujourd'hui
Dont la formule est : Deux et deux font quatre.

Donc, mes amis, défense de par Dieu
De tout savoir ici-bas nous est faite.
La certitude a pourtant quelque lieu,
Quelque champ clos parmi nous pour retraite.
Contents du lot, et pour notre repos,
Renfermons-nous dans son amphithéâtre,
Où de Thomas chacun dit le propos :
Je sais, je sais que deux et deux font quatre.

LE CULTE DE L'HONNEUR.

Air d'*Arispe*.

O toi que ma rubrique nomme,
Noble, souverain, éternel,
Qui tiens aux viscères de l'homme
Comme un cachet originel,
Te chanter est un grand ouvrage;
Et je suis infirme prôneur;
Mais tu soutiendras mon courage,
O culte sacré de l'honneur. *(Bis.)*

Ta loi n'a point de cœurs rebelles.
Ici l'athée est clairvoyant.

Je te compte des infidèles;
Mais je ne vois pas d'incroyant.
LA VERTU N'EST RIEN : ce blasphème
Gens honnêtes vous fait horreur;
Mais il n'étend pas l'anathème
Au culte sacré de l'honneur.

Oui, je cherche en vain sur la terre
Un coin, une ère où les mortels
De l'honneur, dogme sans mystère,
Auraient renié les autels.
Partout l'homme a connu ce maître;
Du monde il est le grand meneur,
Et chacun de nous est le prêtre
Du culte sacré de l'honneur.

Hélas! il a ses fanatiques,
Ministres de mauvais aloi,
Qui, dans leurs élans frénétiques,
Pour défendre étouffent la loi.
Le feu n'est point pour l'incendie,
La foi pour la sauvage humeur :
Faux dévots il vous répudie,
Le culte sacré de l'honneur.

Son fort domine un précipice ;
Gardez-vous de faire un faux pas.
Il est écrit au frontispice :
L'on en sort, l'on n'y rentre pas.
Rien n'attendrit, rien n'appitoie
Du fort l'austère gouverneur,
Et vous restez hors de la voie
Du culte sacré de l'honneur.

Ton mot, ô vaincu de Pavie,

Autrement doit être entendu.
Je dis que, perdrait-on la vie,
L'honneur sauvé, rien n'est perdu (1).
Liberté, couronne, opulence,
Eléments vantés du bonheur,
Que pèsent-ils dans la balance
Du culte sacré de l'honneur.

Mes amis, l'honneur dans nos veines
Vit et circule avec le sang.
L'en arracher... paroles vaines.
Ici le mal est impuissant.
Nous avons, pour sauver notre âme
De son venin, de sa fureur,
Un talisman, c'est l'oriflamme
Du culte sacré de l'honneur.

LES PROCÉDÉS.

Air : *Contentons-nous d'une bouteille.*

Les procédés.... c'est une chose étrange,
Me dites-vous d'un air un peu narquois ;
N'êtes-vous pas le premier qui les range
Dans les devoirs, les vertus et les lois ?
Non, non. La loi, votre humble catéchiste,
C'est parmi vous qu'il la trouve en vigueur.

(1) François Ier, fait prisonnier à Pavie, s'écria : *Tout est perdu fors l'honneur.*

Sans être écrite, en ce sens elle existe :
« Les procédés, les bons, sont de rigueur. »

Fi, des mauvais ! proscrivons cette engeance
De querelleurs, de sots et de brouillons.
Ils font le mal. Ils sèment la vengeance
Et la discorde éclot dans leurs sillons.
Par eux, hélas ! toute union humaine
Se sent frapper de mort ou de langueur.
Pour lui donner et vie et longue haleine,
Bons procédés sont toujours de rigueur.

Les voyez-vous à leur œuvre importante ?
Ils sont assis au coin de l'amitié,
Dans le secret de la meilleure entente
Chez les époux ils entrent pour moitié.
Dans la famille, entre parents on s'aime :
A leur office on doit cette faveur.
Pour l'harmonie entre les Etats même,
Les procédés sont toujours de rigueur.

Si vous sortez, n'importe à quelles heures,
Les procédés toujours marchant devant,
Vous rentrerez, amis, dans vos demeures
L'affection, l'estime vous suivant.
Belle récolte et douce récompense !
En puis-je assez exalter la valeur ?
Non. Essayez, fertile est la dépense.
Les procédés sont toujours de rigueur.

Nul parmi nous à qui leur robe n'aille,
A l'âge, au sexe, aux humbles, aux puissants.
Elle grandit, elle embellit leur taille ;
Ils ont pour tous des charmes ravissants.

Mars dans les camps et Thémis elle-même
Sans déroger revêtent leur couleur.
De là le droit, la force de mon thème :
Les procédés sont partout de rigueur.

Sans procédés vous n'êtes pas des hommes,
Vous qui suivez le précepte au rebours.
Fuyez alors, fuyez loin d'où nous sommes,
Dans les forêts à son aise on est ours.
Je rêve un temps purgé de dissidence,
Où plus n'aura la loi d'épilogueur,
Où nous chantions sur la même cadence :
Les procédés sont toujours de rigueur.

O mes amis, servez-vous de leurs armes
Dont chaque coup est sûr d'un bon effet.
Ils prennent l'âme — au rebours des gendarmes —
En la liant dans les nœuds du bienfait.
Soumettre un corps, c'est une vaine gloire.
Vous voulez mieux et vous visez au cœur.
Pour cette noble et paisible victoire
Les procédés sont surtout de rigueur.

LA RECONNAISSANCE.

Air : *Contentons-nous d'une bouteille.*

Pardon, amis ; ma verve chansonnière,
Prenant le ton de ce thème imposant,
Vise au cantique, à l'ode, à la prière,
Sous le danger d'un labeur écrasant.

Rassemblez-vous puissances de mon âme;
De mon esprit ressorts remontez-vous.
A l'aide ici. Ma muse vous réclame.
C'est un sujet qui les domine tous.

Ils sont nombreux les sentiments honnêtes :
La charité, la justice, la foi,
La bienveillance et l'amitié sont prêtes,
Avec leur sœur, à poser devant moi.
Toutes beautés divines par essence;
Mais sur un choix je consulte vos goûts;
Vous la nommez : c'est la Reconnaissance,
Un sentiment qui les domine tous.

Don précieux pour la nature humaine,
Ce noble instinct fait son titre d'honneur.
Son nom refoule et désarme la haine,
Sa voix toujours a l'oreille du cœur.
Que d'un cœur d'homme elle frappe à la porte,
Il n'en est point qui ne s'ouvre à ses coups;
Sous cette voûte elle vibre, elle est forte;
C'est un écho qui les domine tous.

Monstre est le cœur qui s'affranchirait d'elle.
Chassons l'ingrat. Il a le masque affreux.
Qu'il vive loin dans quelque citadelle
Sous le stigmate et la croix du lépreux (1).
Devoir d'honneur que celui que je chante.
De le trahir on n'est jamais absous.
Sa sanction, la honte, est permanente :
C'est un devoir qui les domine tous.

Quand un bienfait, quand un trait d'obligeance

(1) Dans les léproseries du moyen âge, les lépreux portaient un costume uniforme surmonté d'une croix rouge.

Dans votre cœur bon, généreux, bien né
Dépose l'œuf de la reconnaissance,
A le couver vous êtes condamné.
Souci pieux, certes, qui vous honore.
Mais l'œuf chauffé s'agite, il est jaloux,
Vous le sentez, il est pressé d'éclore :
C'est un besoin qui les domine tous.

Et s'il éclot, de beaux effets surgissent :
La joie intime inonde votre cœur.
Les dieux témoins au spectacle applaudissent,
Et leurs élus le célèbrent en chœur.
Ils ont doté l'homme de gratitude
Pour qu'il connût un plaisir saint et doux
Qui manquerait à sa béatitude.
C'est un plaisir qui les domine tous.

Ce sentiment, mes amis, qu'il pénètre ;
Qu'il soit en vous profondément ancré.
Il ennoblit, il exalte votre être.
Soyez les saints de ce culte sacré.
O gratitude ! ô vertu qui m'enflammes
Pour t'invoquer que je tombe à genoux !
Fais qu'à jamais ton amour dans nos âmes
Soit un amour qui les domine tous.

LA LAIDE.

Air : *Ah ! Daignez m'épargner le reste !*

—

Un fait, un nom que chaque jour
Le monde traduit par disgrâce,

Je veux, étrange troubadour,
Amis, le porter au Parnasse.
Pour un sujet trop dédaigné
Aujourd'hui ma muse intercède.
Assez la Jolie a régné *(Bis.)*
Ayons un refrain pour la Laide.

Fleur humaine, sexe enchanteur,
Guides ailés dans ton parterre
Deux insectes au visiteur
Indiquent le bon choix à faire.
Le papillon veut l'or, l'azur;
Mais le nectar qui le possède?
Je suis l'abeille, c'est plus sûr
Et me fixe auprès de la Laide.

De la Jolie, oui, c'est cela,
Le papillon est le symbole.
Comme lui l'orgueilleuse elle a
Coquette allure, humeur frivole;
Mais, à part sa vaine couleur,
Je dis qu'à l'autre insecte il cède.
Abeille résume valeur :
J'en fais l'emblême de la Laide.

Ici, serais-je dans le faux,
La louange est-elle imprudente?
Vénus elle-même à Paphos
Accueille celle que je chante.
Faite d'écume de la mer
La déesse qu'Amour précède
Bien des fois a prêté son air
Et mis sa ceinture à la Laide.

Oui, certes; la beauté n'est pas

Dans les lignes de la figure.
Si je l'osais, d'autres appas
Vous démontreraient l'imposture.
Sans voiles posez, à ma voix,
Vous dont la cause ici se plaide.
Paris vous juge, et, cette fois,
La pomme est donnée à la Laide.

Le mérite est-il dans l'éclat?
Non. Les traits jolis sont un masque.
Direz-vous le meilleur soldat
De qui porte le plus beau casque?
Vous ne voulez point du clinquant
Où l'éclipse à l'éclair succède.
Ami, passez dans l'autre camp;
Les vertus durent chez la Laide.

Jolie ou laide..... mais, mon Dieu!
Combien ces mots sont arbitraires.
Vous voyez rose, je vois bleu,
Suivant la couleur de nos verres.
Savez-vous quel parti je prends
Dans ce vieux conflit qui m'excède:
Beau sexe au milieu de vos rangs. *(Bis.)*
Je viens supprimer net la Laide.

VOUS N'ÊTES POINT LAIDE.

Air *à faire.*

Vous qui poursuivie
D'un mot importun,

Pourtant de la vie
Êtes le parfum,
A tort inquiète
Du vain jugement,
Relevez la tête :
L'epithète ment.

Pour vous mon cœur plaide
Et, dans mille cas,
Vous n'êtes point laide.
Je ne le vois pas.

Qu'importe la teinte ?
Pour moi sous vos traits
Rayonne l'empreinte
De nobles reflets.
Là d'une belle âme
Brûle le flambeau ;
Je juge la lame
Et non le fourreau.
Et quand l'âme plaide
Pour vous, dans ce cas, etc.

Vos traits, votre forme
Ont-ils un défaut ?
Qui donc s'en informe,
Sirène ou Sapho ?
Près de vous un charme
Attaque le cœur.
On sent, on désarme,
Le charme est vainqueur.
Oh ! le talent plaide
Pour vous, dans ce cas, etc.

Si votre air qui s'ouvre,

D'un tendre penchant
Indique, découvre
Le secret touchant;
Si la flamme pure
Que le cœur nourrit,
A votre figure
Monte et l'embellit;
C'est l'amour qui plaide
Pour vous, dans ce cas, etc.

Devant la souffrance,
Par instinct, par goût,
Comme l'espérance
Vous êtes debout.
La femme s'efface,
Et le patient
Pour lui, voit en face
Son ange priant.
La charité plaide
Pour vous, dans ce cas, etc.

Qui vois-je paraître?
Taisez-vous, censeur.
Près de vous, peut-être,
Passe votre sœur.
Personne plus chère,
Oh! découvrez-vous.
Vous êtes sa mère!
Il tombe à genoux.
Le sentiment plaide
Pour vous, dans ce cas, etc.

Dévoûment sublime,
Abnégation,

Bonté, source intime
De perfection,
C'est votre apanage ;
Et sous leur pinceau
Est-il un visage
Qui ne soit point beau ?
Chaque vertu plaide
Pour vous, dans ce cas, etc.

Enfin des deux femmes,
L'une aimant des yeux,
L'autre aimant des âmes,
Celle-ci vaut mieux.
Dieu qui les a faites,
— Ceci je le vois —
Vous fit et vous êtes
Vase de son choix.

Le ciel pour vous plaide
Et dans tous les cas
Vous n'êtes point laide.
Je ne le vois pas.

L'ORDRE.

Air : *Tout le long de la rivière.*

L'Ordre est la volonté de Dieu.
(Mme de Sévigné.)

Au jour marqué par Jéhova,
Des flancs du cahos qui creva,

L'ORDRE sortit et dans l'espace
D'abord toute chose eut sa place;
Puis aux voûtes du firmament
Retentit son grand mandement :
« Que de ma ligne, allez, rien ne dévie;
« Car je suis la loi, la grande loi de vie
..... Car je suis la grande loi de vie. »

La terre entendit et soudain
Suivit le tracé souverain.
En leur temps ses saisons marchèrent;
Ses nuits à ses jours succédèrent;
Son tour solaire, au bout de l'an,
Recommença du même élan.
Voilà comment la terre justifie
Que L'ORDRE est la loi, la grande loi de vie,
Que L'ORDRE est la grande loi de vie.

Comme matière et comme esprit
Dans la loi l'homme fut inscrit.
Ainsi la créature étrange,
Partie animal, partie ange,
Malgré l'orgueil de sa raison,
De L'ORDRE subit la prison.
C'est un honneur. Oh! qu'il s'en glorifie!
Car L'ORDRE est la loi, la grande loi de vie,
..... Est la loi, la grande loi de vie.

Certes, le joug est glorieux
Lorsque le maître est dans les cieux.
L'ordre en descend; et sa couronne
Resplendit des biens qu'il nous donne :
La sagesse d'abord; et puis

La paix (1), le bonheur (2) sont les fruits.
Donc, l'intérêt à son amour convie.
Saluons en lui la grande loi de vie,
    Saluons la grande loi de vie.

    Un auteur (3), j'en suis outragé,
    A dit qu'un tout bien arrangé
    Dénote un esprit médiocre.
    Mais quoi! ce rêveur au teint d'ocre
    Avait la cervelle en défaut;
    Que ne regardait-il en haut!
L'esprit est grand, l'esprit qui vivifie;
Et l'ordre est toujours la grande loi de vie,
    Est toujours la grande loi de vie.

    Drapeau de mes affections,
    Patron, sauveur des nations,
    L'ordre par-dessus leur amène
    La liberté, sa sœur germaine,
    Dont l'étoile, opaque sans lui,
    Sur la terre n'a jamais lui.
C'est un sauveur qu'en vain on crucifie.
Je dis c'est le Dieu, plus que la loi de vie,
    C'est le Dieu, plus que la loi de vie.

    Mais peuple, mais individu
    Perdant son culte ont tout perdu.
    Sans base l'édifice croule;
    De cascade en cascade il roule

(1) On n'est en paix que lorsque on est dans l'ordre.
                                       (Mad. de MAINTENON.)

(2) L'ordre et l'innocence sont le seul bonheur qui nous soit destiné sur la terre. (MASSILLON.)

(3) La Bruyère.

Et, s'abîmant avec les flots,
Va retomber dans le cahos.
A ce danger si L'ORDRE seul obvie
Embrassons plus fort la grande loi de vie,
Embrassons la grande loi de vie.

LE BON PAYEUR.

Air *de la Sauteuse.*

> Je sens naturellement quelque volupté à payer.
> (MONTAIGNE, liv. I, chap. XI.)

C'est du bon payeur
Qu'en courant j'esquisse l'histoire,
Et, joyeux, rimeur,
Que je tente ce grand labeur.
Mais de la frayeur
Dédaignons le déclinatoire;
Muse ayons du cœur,
Et restons engagé d'honneur.

J'entends la rumeur :
« Place à la probité notoire. »
Sus ! mon auditeur.
Devant toi passe un bon payeur.
Quelquefois rêveur,
— C'est le rêve avant la victoire —
Son front délateur
Révèle un calme intérieur.

Célébrez, plaideur,
Le succès d'un obscur grimoire;
Et vous parieur
Le gain d'un lot enrichisseur.
Seul le bon payeur,
Heureux d'acquitter un mémoire,
Dans sa bonne humeur,
Fête ce jour et ce bonheur.

L'intérêt compteur
Et la bonne foi méritoire,
Brouillés, de rigueur,
Auprès du mauvais débiteur,
Démentant l'erreur
D'un naturel contradictoire,
Comme frère et sœur
Marchent au bras du bon payeur.

Du crédit moteur
Puissant, mais parfois transitoire,
Vous son défenseur
Dites quel fut le créateur ?
Au questionneur
Répond un dicton péremptoire;
Ce grand monnoyeur
Nacquit un jour du bon payeur.

Suis-je trop flatteur ?
Non. Car à mon sens olfactoire
Le saint Bon-Payeur
Envoie encor sa bonne odeur.
De vertus, — Censeur,
Compte-les ou daigne m'en croire —

De vertus son cœur
Est le foyer générateur.

Oh! le bon payeur,
Sans doute, au temple de mémoire,
Près de maint auteur
N'a pas une place d'honneur.
C'est petit malheur;
Mais je dis, et voilà sa gloire,
Il l'a sans faveur
Toujours au temple du bonheur.

Le parque, ô douleur!
Me ravit à mon auditoire.
Amis, une fleur
Sur mon tombeau d'instituteur.
Ecrivez, Graveur :
« Ici, sous cette pierre noire,
« Gît un bon payeur.
« Passant, sois son imitateur. »

LA GAITÉ SE MEURT.

Air : *Ah! restez toujours chez vous.*

La Gaité se meurt, mon Dieu!
Maint symptôme le révèle.
Sans bruit, sans efforts, dans peu
L'homme aura fait peau nouvelle.
Le fait, hélas! constaté,
Ma douleur en est bien vive;

Mais je veux qu'il y survive
Ma chanson sur la Gaîté. *(Bis.)*

Elément constitutif
Du naturel de nos pères,
Jadis elle était l'actif
Dissolvant de leurs misères.
Si dans un cœur attristé
Les soucis faisaient empreinte,
Ils perdaient bientôt leur teinte
Sur le fond de la Gaîté.

Oui, dans leur vie un chagrin
N'était qu'un fâcheux nuage.
Le ciel n'est-il pas serein
Après la pluie et l'orage ?
Pendant le temps limité
Des douleurs et des alarmes,
Ils savaient sécher leurs larmes
Au soleil de la Gaîté.

Oh ! j'ai les yeux réjouis
Quand je vois — c'est de l'histoire —
Avec quel soin mon pays
Avait proscrit l'humeur noire.
Là, le Français eût été,
Sur les ruines du monde,
Seul de la machine ronde,
Debout avec la Gaîté (1).

Aujourd'hui c'est différent,
Le Spleen effrayant de bistre,

(1) Si fractus illabatur orbis *impavidum* ferient ruinæ.
(HORACE.)

Dans le monde en conquérant,
Promène son pas sinistre.
Contre son souffle empesté
Ma morale vient en aide.
Baignez-vous, c'est le remède,
Dans les eaux de la Gaîté.

Loin de moi, monstre étranger,
Alter-ego de la parque !
Je te prends pour un danger
Et n'entre point dans ta barque.
Si mon esquif est lesté
Par la gravité moderne,
Soyez sans crainte, il gouverne
Sous le vent de la Gaîté.

Pourquoi nous quitter ainsi,
Lumière, santé de l'âme ?
Reste. Le deuil, le souci
Remplaceraient mal ta flamme.
Hélas ! ma fidélité
En vain t'invoquerait-elle !
Qui vole après toi sur l'aile
De ma chanson : La Gaîté.

Amis, le siècle est vainqueur :
Nous sommes le petit nombre ;
Mais va-t-il à notre cœur
Imposer sa couleur sombre ?
Non. Que notre comité,
Par une entrave dernière,
Tire le char en arrière
Et retienne la Gaîté. *(Bis.)*

MES LIMITES.

Air *de la Pipe de tabac ou du Partage
de la richesse.*

—

Divinités du paganisme,
Idoles vivantes des sens,
Vous prenez sur mon organisme.
Je suis homme; j'y condescends;
Mais quand la foi vers vous m'emporte
Dans des élans hors de saison,
Je mets votre culte à la porte.
J'ai ma limite : la raison. *(Bis.)*

Comus, dieu de la bonne chère,
Me fait asseoir à son festin,
Côte à côte de son confrère
Le dieu synonyme du vin.
D'abord comme eux je fais l'étape;
Mais, veulent-ils pousser plus loin,
Je résiste et je leur échappe
A la limite du besoin.

Amour, qui donc te met des ailes,
Qui charge tes yeux d'un bandeau?
C'est le fait des cœurs infidèles :
Moi je décline ce tableau.
Je me joue aux flammes durables
Que fit naître un double examen;
Et mes plaisirs sont ineffables
Dans les limites de l'hymen.

Si parfois mon corps s'abandonne
Au doux *farniente* italien;

Si l'hygiène me pardonne
Quelqu'extra d'épicurien ;
Si mon âme repose et rêve,
(Le rêver fait tant de plaisir !)
Toujours le devoir rompt la trêve
A la limite du loisir.

Pourquoi n'aurais-je comme un autre
Mon petit grain d'ambition ?
Modeste, elle sied à l'apôtre ;
C'est le nerf de sa mission.
Mais vos rêves... je m'en délivre,
O fortune, ô gloire, ô bonheur.
Arrière ! s'il faut vous poursuivre
Hors des limites de l'honneur.

Je réprouve un esprit rebelle
Qui des lois maudit le lien.
Pour l'être faible qui chancelle
Toute lisière est un soutien.
Que les chemins en politique
Soient spacieux, qu'ils soient étroits,
Je m'en contente et les pratique
Dans les limites de mes droits.

Mais assez parler de barrières.
Grâce à Dieu, tout bon sentiment,
Chez moi comme chez vous, mes frères,
Marche au large indéfiniment.
L'amour des hommes, par exemple,
Franchit le cercle des Etats,
Dans mon cœur il a bien son temple,
Mais de limite il n'en a pas. *(Bis.)*

LES SERVITEURS.

Air :

Classe nombreuse, pauvres êtres,
Serviteurs dans l'humilité,
Ma muse ici parle à vos maîtres
Du tort de votre obscurité.
Si de biens on vous déshérite,
Dis-je, en chantant votre mérite,
Qu'on donne au moins au serviteur
  Un peu d'honneur,
Au serviteur un peu d'honneur,
  Un peu d'honneur.

Remplaçants des serfs, des esclaves,
Vous allez par d'autres ressorts.
Leur âme était prise aux entraves
Qui froissaient et liaient leur corps.
Si j'ausculte votre poitrine,
J'y sens brûler flamme divine,
Et je m'écrie : au serviteur
  Un peu d'honneur, etc.

On vous méprise. Erreur amère.
Non. Servir n'est pas odieux.
L'enfant est servi par sa mère,
Et les prêtres servent leurs dieux.
Par vous la société marche;
Vous êtes les rameurs de l'arche,
Et nous devons au serviteur
  Un peu d'honneur, etc.

Répudions toute injustice.
On brille, on vit par vos apprêts.

Qu'est le héros sans votre office ?
La nudité mise aux arrêts (1).
Je n'attaque point son étoile ;
Mais au vent qui gonfle sa voile
Je dis : portez au serviteur
  Un peu d'honneur, etc.

Votre mobile est le pécule,
Dit-on, pour monter mon courroux.
Quoi ! c'est sur le gain qu'il spécule,
Maître, celui qui meurt pour vous ?
Quand si souvent jusqu'à sa bourse,
Ingrat, vous est une ressource (2),
Vous marchandez au serviteur
  Un peu d'honneur, etc.

Gages, appointements, salaires
Vous sont promis et vous sont dus.
C'est assez pour les mercenaires,
Pour les mobiles prétendus.
Mais le dévouement sans limite
Qui révèle une âme d'élite
Gagne de plus au serviteur
  Un peu d'honneur, etc.

De tel maître que je vous nomme,
Voulant pour lui tout, pour vous rien,

---

(1) Il n'est point de héros pour son valet de chambre.
        (Proverbe.)

(2) Que de fois on a vu le serviteur se dépouiller d'un bien péniblement acquis pour assister son maître dans le malheur. Que de fois la fortune du maître a été sauvée ou retrouvée par le désintéressement d'un serviteur dévoué. Nos époques de troubles politiques en ont présenté tant d'exemples !

Vous êtes l'intérêt fait homme;
De tel autre l'ange gardien.
Monthyon offre en récompense
De l'or à cette providence,
Et moi j'octroie au serviteur
  Un peu d'honneur, etc.

La fidélité, si volage
Chez les sommités, chez les grands,
S'arrêtant au dernier étage,
S'installe et grandit dans vos rangs.
Avec bonheur si j'en contemple
Parmi vous maint sublime exemple,
Refuserai-je au serviteur
  Un peu d'honneur, etc.

J'émets un vœu. Je fais un rêve.
Je vois, serviteurs méritants,
Un hôtel public qui s'élève
Pour abriter vos derniers ans.
On a fait droit à ma prière :
La fin d'une utile carrière
Verra porter au serviteur
  Sa croix d'honneur,
Au serviteur sa croix d'honneur,
  Sa croix d'honneur.

Les trois chansons suivantes ne sont pas, malgré l'apparence, une déclaration de guerre actuelle, de la part de l'auteur, contre la science, les savants et les grands. Elles datent d'une autre époque de sa vie et sont dues à un moment d'effervescence et à un amour fanatique pour le bien. Si on les insère dans ce Recueil de Chansons morales, ce n'est que comme souvenir de pensées éteintes et comme œuvres de fantaisie. Je prie qu'on les y tolère à ce titre et qu'on ne s'en offense point. On se tromperait beaucoup de prendre l'auteur aujourd'hui pour un ennemi juré et absolu de la science, qu'il aime quoiqu'il ne lui ait pas été donné de la posséder, des savants qui la dispensent si glorieusement et qu'il admire, et des grands qu'il considère et respecte sans pour cela qu'il se permette de dédaigner et d'abandonner la cause des petits, ses égaux.

Combien, d'ailleurs, d'écrivains, de moralistes, de philosophes prosateurs ou poètes (Montaigne, Voltaire, J.-J. Rousseau, Lamartine et autres) auxquels l'auteur n'a pas la présomption de se comparer autrement, mais dont l'exemple pourrait lui servir d'excuse, n'ont-ils pas le même tort que lui de médire quelquefois de la science, de l'instruction, même d'avoir des éloges pour l'ignorance et les ignorants, et n'ont pas perdu ou ne perdront pas l'estime de leurs contemporains et de la postérité!

LE DIEU DES IGNORANTS.

Air *du vaudeville de la Partie carrée.*

—

> J'ay veu en mon temps cent artisans, cent laboureurs, plus sages et plus heureux que des recteurs de l'université.
> (Montaigne, liv. 2, chap. XII.)

Il est un Dieu que chante ma cithare,
Dieu renié par les ingrats mortels.
Un faux orgueil loin de lui les égare
Et les transporte aux pieds d'autres autels.
Quand dans l'Olympe ouvert au cœur de l'homme

La passion voit des dieux différents,
Ma piété seul reconnaît et nomme
  Le Dieu des Ignorants. *(Bis.)*

De Béranger, nature simple et bonne,
Je sais, j'admets les adorations.
Son Dieu, du mien la seconde personne,
A droit et part à mes libations.
Mais les dévots au Dieu de la science,
Ce Dieu du mal, ne m'ont pas dans leurs rangs.
L'amour du bien a scellé ma croyance
  Au Dieu des Ignorants.

Accablez-moi, savants, sous vos sarcasmes;
Je sens grandir cette foi qui me luit.
Je suis de glace à vos enthousiasmes :
Ce sont des feux s'éteignant dans la nuit.
Combien, après, amenant votre enseigne
De renégats parmi vous je surprends!
« QUE SAIS-JE » était l'hommage de Montaigne
  Au Dieu des Ignorants.

Montez, montez, aigles à double vue;
Mais, je l'entends, là-haut vous maugréez :
L'obscurité vous apprend dans la nue
Que c'est mon Dieu qui vous a tous créés.
Court est l'essor qu'il permet à votre aile;
Faux ou forcés sont vos airs conquérants.
Comme pour moi, pour vous le Dieu s'appelle
  Le Dieu des Ignorants.

Celui qui fait du doigt tourner le monde
— Immensité de gloire et de pouvoir —
Au roi qu'il mit sur la machine ronde

De l'ignorance imposa le devoir (1).
Dure loi ? Non. De la paix c'est le gage ;
C'est du bonheur pour tous ses adhérents ;
C'est l'oreiller où tu berces le sage,
　　　O Dieu des Ignorants.

L'esprit ?... J'ai vu ce complaisant du vice
Perdre le cœur en faussant la raison.
Par le plaisir il masque l'artifice
Et par le miel introduit le poison.
A ses appâts ma vertu fait la moue ;
Je n'eus jamais de goûts intempérants.
Pour m'en sauver âme et corps je me voue
　　　Au Dieu des Ignorants.

Science, esprit... de fortune et de gloire
Souvent, hélas ! le siècle vous combla.
J'ai beau compter les fruits de la victoire :
Sagesse et mœurs, non, non, ne sont point là.
Sagesse et mœurs dans la nature inculte,
Dans un sens droit, ont de meilleurs garants.
Sagesse et mœurs ainsi fondent mon culte
　　　Au Dieu des Ignorants.

Le Dieu voulait tout pour sa créature ;
— Manne descends, ruisseaux de lait coulez. —
Mais la science avait l'haleine impure ;
Au fond d'un puits il la mit sous scellés.
Vous les brisez. Vous dites : « c'est la vie,
« C'est la puissance et nous serons tous grands. »
C'était la mort. Malheur à qui défie
　　　Le Dieu des Ignorants.

(1) *Ignorer et servir c'est la loi de notre être.*
　　(LAMARTINE. — *Méditations poétiques.* — *L'Homme.*)

Vous, parias de l'empire des lettres,
Soldats pourtant de l'utile et du bien,
Qui pratiquez cette leçon sans maîtres :
« Bien vivre est tout, l'autre savoir n'est rien (1). »
Au seuil du temple où ma voix vous rassemble,
Comme finale à mes considérants,
Trois fois chantons : « hosanna » tous ensemble
  Au Dieu des Ignorants. *(Bis.)*

LES IGNORANTS.

Air :

> Qui nous comptera par nos actions et déportements, il s'en trouvera plus grand nombre d'excellents entre les ignorants qu'entre les savants ; je dis en toute sorte de vertu.
>   (Montaigne, liv. 2, chap. XII.)

Vous qu'on ravale, qu'on renie,
Criminels du nom d'ignorants,
Pour vous purger d'ignominie
Un champion sort de vos rangs.
Il prend vos vertus pour armure :
Quelle force pour le soldat !
Il s'élance au feu de l'injure,
Entendez son cri de combat :

---

(1) C'est par leurs mœurs plutôt que par les lettres qu'ils se sont dévoués au plus grand de tous les arts, celui de bien vivre. (Cicéron. — *Tusc.* — Quæst. IV.)

Allons, allons !
Quand aux savants je nous mesure,
Allons, allons !
Sans vanité, nous les valons.

M'arrêtai-je à la renommée
Qu'ils font briller sur leur drapeau ?
Non. Je perce cette fumée.
Je veux l'homme et non le manteau.
Voyons, héros de la science,
Montrez-nous vos talents du cœur.
Au champ clos de la conscience
Le bien, le bon font le vainqueur.
Allons, allons !
Riches de faits, d'expérience,
Allons, allons !
J'ai bien compté; nous les valons.

La Grèce un jour vit, consternée,
La fuite d'un grand orateur
Ouvrir la porte, à Chéronée,
A son futur dominateur.
Tandis qu'avant, dans un autre âge,
Après d'héroïques efforts,
Trois cents braves, sans bavardage,
Pour la sauver étaient tous morts.
Allons, allons !
Eloquence n'est point courage.
Allons, allons !
La preuve est là, nous les valons.

Pour les enfants dans la famille,
Moraliste, sentimental,
Jean-Jacques de leçons fourmille

Et les siens sont à l'hôpital.
Quel est ce tribun qui déclame
Sur la puissance du serment (1)?
Il a trahi sa foi, sa flamme,
Et comme époux et comme amant.
  Allons, allons!
Beau talent ne dit pas belle âme;
  Allons, allons!
Sans tant d'esprit nous les valons.

L'ignorant ne sait, doute, nie,
Se trompe, mais de bonne foi.
L'homme d'esprit ment, calomnie;
Fils d'Arouet, pardonne-moi.
L'un est sincère, ouvert, fidèle,
A sa franchise je me plais;
L'autre ruse, vous ensorcèle,
Et sa langue ourdit des filets.
  Allons, allons!
Nous gagnerions au parallèle.
  Allons, allons!
A tout le moins, nous les valons.

Quoi! rougir de ce que nous sommes!
Non. Tout bien est-il fait par eux?
Les saints, les sages, les grands hommes,
Dans quel camp sont-ils plus nombreux?
France, un jour la griffe étrangère
Te rayait comme nation.
Sans le bras d'une humble bergère,
Dieu! nous serions fils d'Albion!

(1) Mirabeau.

> Allons, allons !
> Notre classe est bien la première.
> Allons, allons !
> Modestement nous les valons.

Que s'entassent les connaissances
Sur un mortel, sur leur prôneur.
J'accorde quelques jouissances,
Mais je conteste le bonheur.
Le bonheur, ami des chaumières,
S'effarouche de tant d'éclat ;
Il est moins sourd à nos prières,
Et c'est l'hôte de notre état.
> Allons, allons !
> Savants, sans toutes vos lumières,
> Allons, allons !
> C'est démontré. Nous vous valons.

LES PETITS.

Air *de la Pipe de tabac ou du vaudeville
de la Petite Gouvernante.*

De beaux sujets mon œil en quête,
Par le prestige des hauts rangs,
Se méprenant à l'étiquette,
Croyait la grandeur dans les grands ;
Mais bientôt, suivant la boussole
D'une âme aux nobles appétits,
Mon œil a visé l'autre pôle
Et s'élève vers les Petits. *(Bis.)*

Jadis serais-je allé peut-être,
Lorsque le peuple n'était rien,
Dans son donjon chanter mon maître :
De vivre c'était un moyen.
Sous le chaume, dans la mansarde,
Aujourd'hui plus libre et gratis,
Je veux du peuple être le barde,
Et ne chanter que les Petits.

Exploitant le champ populaire,
Comme l'abeille sur les fleurs,
Sous le nouveau jour qui t'éclaire,
Muse, butine tes couleurs.
Aux portraits de ton répertoire,
Va, ne crains point les démentis.
Tu dis vrai, tu fais de l'histoire.
Oh ! glorifions les Petits.

Oui. Devant moi, classes obscures,
Bourgeois, prolétaire, artisan
Posez ; découvrez vos figures.
Je suis peintre, non courtisan.
L'amour du bien brûle en vos âmes.
Malgré vos corps assujettis,
Sur vos fronts j'en surprends les flammes :
La noblesse est chez les Petits.

Athéniens et Spartiates.

De titres et d'honneurs avides
Gentilshommes de nom, d'argent,
D'œuvres vous avez les mains vides,
De vertus le cœur indigent.

Que nous sont vos airs grandioses
Et de beaux mots le cliquetis;
Vous louez bien les grandes choses,
Mais les laissez faire aux Petits;

Cherchez dans ces riches asiles
Que vous diriez des panthéons,
Vous trouvez, quoi ? de beaux reptiles,
Des masques, des caméléons.
Vous voulez des natures nues,
Des cœurs francs et non travestis ?
Ne cherchez point si près des nues;
Entrez au foyer des Petits.

Sentiment, conscience, force,
Tout ce qui fait le type humain,
Germez-vous sous la rude écorce
Ou sous le mince parchemin ?
Dans les deux camps que je compare,
Les bons, les sages quels sont-ils ?
— Honneur des grands, honneur trop rare —
J'accorde la palme aux Petits.

Frères, croyez-en l'homme-lige,
Le héraut de la Vérité.
Les hauteurs donnent le vertige;
Préférons notre humilité.
Aux derniers degrés de l'échelle
On est plus solide, et je dis :
Sans piédestal une âme est belle,
Pour être grands, restons Petits.

FABLES.

*Notre sapience apprend des bêtes
les plus utiles enseignements.*
(Montaigne.)

LE GRILLON COURTISAN.

Un jour — c'était jadis aux noces d'un lion —
Voulant faire éclater son exultation,
Un grillon de son trou, c'est ce que dit la fable,
Sortit et s'éloigna par ce motif louable.
Il faisait, à part lui, ce court raisonnement :
— Car le grillon aussi raisonne assurément —
« De ces fiers animaux escortant en bataille
« Le monarque, je n'ai ni l'accent ni la taille ;
« Mais en ai-je besoin ? On peut être sans voix,
« On peut être sans taille et bien aimer ses rois. »
Là-dessus, du cortége il guette le passage.
De sa musique alors il présente l'hommage ;
Mais l'air était rempli de plus nobles accents,
Et le roi ne humait que le meilleur encens.

Il passe... Et le grillon ?... Hélas la pauvre bête !
Quand je vins, le cortége eut écrasé sa tête.

LE GRAIN D'ORGE GERMÉ.

Dans l'obscurité d'une cave,
Par l'effet du hasard un grain d'orge semé,
D'une sèche enveloppe en déchirant l'entrave
Par l'effet du hasard avait aussi germé.
Il a levé, grandi dans un milieu propice,
Et sa tige appuyée au vieux mur d'une cour
S'élance, rampe, cherche, et dans un interstice
Enfin en s'allongeant trouve sa place au jour.
Là, le jour avec l'air suffisait à sa vie ;
Là, l'orge végétait ; mais d'être, d'avoir mieux
Chez l'homme et chez la plante empêchez donc l'envie !
L'orge veut du soleil. Il en demande aux cieux ;
Le grand astre l'entend ; et prompt comme une flèche
A l'adresse de l'herbe il détache un rayon
Qui, glissant dans la cour au travers d'une brèche,
Couvre la graminée avec intention.
Dans les flots de ces feux où sa tête se noie,
Celle-ci tout d'abord s'étend, s'épanouit,
Respire mieux, ne voit que plaisir et que joie,
Et d'un état heureux trouve qu'elle jouit.
Hélas ! court, s'il est grand, bientôt le bonheur cesse.
  Un tuyau tendre, étiolé
Au hâle du rayon se flétrit et s'affaisse,
  Et le soir l'orge était brûlé.

La plante aurait vécu dans son lot de lumière.
Le tort fatal qui suit l'octroi de sa prière
Montre aux mortels comme elle à prier empressés
  Qu'il n'est pas bon toujours d'être exaucés.

LE MOLOSSE ET LE ROQUET.

Sous mes yeux, dans la rue, un molosse passait.
Par des cris insultants un roquet l'agaçait;
    Mais, vains efforts, sa majesté canine,
Comme un lion qu'en vain un moucheron lutine,
      Sans se déranger de son train
      Poursuivait, calme, son chemin.
Le roquet, enhardi par cette indifférence
Qu'il prend pour de la peur et de la lâcheté,
Contre son ennemi de plus belle se lance,
Redoublant d'aboiments et de témérité.
Il le harcelle à droite, il le harcelle à gauche;
    Et jusqu'à le frôler l'approche.
C'était trop. Tout à coup, las d'être patient,
L'assailli se retourne et marche à l'assaillant.
Du roquet étourdi de cette rebufade
Il fallait voir alors la prompte reculade;
Il fallait voir comment, lorsqu'il se sent atteint,
      Dans l'épouvante qui l'étreint,
Il se rend à merci le corps cloué sur place
Et, les pattes en l'air, demandant grâce, grâce.
Sera-t-il écharpé? Tout d'abord je l'ai craint;
Mais chez le chien aussi la force est magnanime
    Et de celui-ci je n'entends
    Que cette parole sublime
    Qui siffle au travers de ses dents :
Si je te!... malheureux!... c'est le mot de Neptune,
Moins le coup de théâtre et l'effet qui le suit;
Car ici du pardon la paix n'est point le fruit;
    Il n'engendre que la rancune.
    A peine le noble vainqueur,

Trouvant assez d'avoir jeté la mort au cœur
  D'un si misérable adversaire,
  En a-t-il eu pourtant pitié,
  Et, le laissant dans la poussière,
A-t-il repris sa route et son trot ordinaire,
  Que le vaincu se remettant sur pié
  Et secouant la poussière et la honte,
  Dans le dépit qui le surmonte
Et qui trouble l'essor de son inimitié,
  De nouveau poursuit, accompagne
  Longtemps encor, le fat, dans la campagne
   — De moins près pourtant cette fois —
  Le molosse de ses abois.

Mais enfin, comprenant que ses clameurs ingrates
Ont assez vainement fatigué les échos,
Le laridon alors regagne ses pénates.
Je le vois sain et sauf et sur ses quatre pattes
Qui revient dans la rue et revient en héros.
Il a l'oreille droite et la queue en trompette ;
Il marche obliquement et porte haut la tête
Comme c'est le devoir d'un chien triomphateur.
Il arrive au milieu d'un groupe approbateur
  De camarades, de confrères,
De jaloux comme lui de tous leurs congénères
Que la taille ou la force a mis au-dessus d'eux,
Et qui dans son début, témoins de la querelle,
Attendent d'en savoir l'issue officielle.
« Mes amis, leur dit-il, ce jour est glorieux,
« Ce jour qui, grâce à moi, (car son discours étrange,
« A sa lèvre mouvante, à son air réjoui
« Je l'aurais deviné si je ne l'eusse ouï), [venge,]
« De ces chiens grands seigneurs, des gros colliers nous

« Vous l'avez vu ce Goliath des chiens
« Qui de nous dédaigner avait la hardiesse;
  « Comme si notre petitesse
  « Nous empêchait d'être des siens !
« A cette morgue, moi, j'ai dû jeter la pierre.
    « Comme à mon premier cri de guerre
    « Son feint mépris a mal caché la peur
    « Qui transissait, bourrait son cœur !
« Comme sous ma menace il se taisait de rage !
« Ce que c'est, mes amis, pourtant que le courage !
« Oh ! j'aurais bientôt fait un cadavre de lui
    « S'il n'avait fui; mais il a fui.
« Toujours fui, le poltron ! refuser de se battre !
    « Je suis petit, mais j'en vaux quatre. »

    Fatuité ! fatuité !
    Ton mauvais arbre dans le monde
Doit-il porter des fruits à perpétuité ?
A vouloir extirper ta racine profonde
Ésope et La Fontaine ont perdu leur latin.
Aurai-je plus de chance ou le même destin ?

LE LAPIN SAVANT.

D'un lapereau pris dans son trou, vivant,
Certain industriel patient, plein d'adresse,
  Avait fait un lapin savant.
  Savant, dis-je, en tours de souplesse,
Voire même de force. Ainsi contre un basset
  L'ennemi-né de son espèce,

Sur un signe il se hérissait ;
Puis le griffait, le terrassait.
Ce n'était pas supercherie ;
Car il avait si fort l'âme aguerrie,
Que le feu, que le bruit y perdaient le pouvoir
De l'effrayer, de l'émouvoir ;
Que, de la poudre aimant l'odeur et la fumée
Comme un soldat de vieille armée,
On le voyait vingt fois par jour,
D'un pistolet chargé présenté par le maître,
Sur un roulement de tambour,
Lui-même bravement allumer le salpêtre.
C'était merveille.

Aussi vous comprenez combien,
Vu la foule toujours accourant au spectacle
Pour l'exploitateur du miracle,
Devait la recette aller bien.
Par suite il fallait voir les soins et la tendresse
Dont le maître entourait cette poule aux œufs d'or.
Il fallait voir, j'ajoute encor,
L'embonpoint, la fourrure épaisse,
Cet air de santé que portait
L'intéressante créature
Dont l'éducateur se vantait
D'avoir complétement réformé la nature.
Il le croyait ; mais attendons la fin.

Un jour, — c'était pendant la fraîcheur du matin —
De notre industriel la maison ambulante
Cheminait lentement à travers un taillis
Où la route passe et serpente.
Là, l'hôte important du logis,

Dans une cage, sa cellule,
Suspendue au-dessous du pesant véhicule,
Jouissait paresseusement
Du plaisir du transport et du balancement,
Et charmait ses loisirs en se donnant la tâche
De caresser son poil, de lisser sa moustache

Tout à coup, l'arrachant à sa distraction,
Quelque chose dans l'air, une émanation
Subtile, ardente, sympathique,
Vient révéler à son sens olfactique
Le passage récent sur les bords du chemin
D'une haze en chaleur de l'espèce lapin.
D'une fièvre inaccoutumée
Aussitôt le héros de se sentir surpris ;
De bondir dans la cage ouverte ou mal fermée,
De s'élancer à terre, et de talents appris,
D'un rôle de théâtre échangeant le bagage
Contre le libre essor de l'instinct dit sauvage,
De courir dans le bois au milieu des halliers,
De suivre, de chercher, d'atteindre la femelle
Et de se fixer auprès d'elle,
Sans retour, au fond des terriers.

Amour, tu perdis Troye. Ici moins formidable,
Mais de l'être aimé, tyran impitoyable,
Amour, ici tu fais perdre au lapin
La gloire du savant, les douceurs du bien-être,
Tout en ravissant à son maître
Sa fortune et son gagne-pain !

LE PIGEON, LE COCHET, L'ALOUETTE,
LA CAILLE ET LE MILAN.

Dans un champ, — c'était ce matin —
En quête de leur nourriture,
Quatre animaux ailés, réunis d'aventure,
Causaient. Et comme eût pu le faire un groupe humain,
Ils médisaient de leur prochain.
Médire, au reste, ici n'était rien moins qu'un crime,
Puisque sur la sellette ils tenaient le milan.
Or, pour l'homme et l'oiseau n'est-il pas légitime
De parler mal de son tiran ?
Qu'avons-nous fait à ce forban ?
Se demandaient les volatiles.
En quoi lui sommes-nous hostiles ?
Et pourquoi nous en veut-il tant,
A nous, dans notre sphère, inoffensifs, tranquilles ?...
Je le sais, disait le pigeon,
Le personnage de la troupe
Le plus sensé, le plus fort en raison.
Je le sais. Que le vent me vienne ou non en poupe,
Dans le vol il m'a pour rival
Et dans la taille pour égal,
Deux points qu'à mon humble personne
Jamais son orgueil ne pardonne.
L'orgueil est l'auteur de tout mal !

Quant à la taille, j'envisage,
Disait, en gonflant son plumage,
Le cochet un peu fanfaron,
Que je prime notre larron.
Mais ce qui contre moi l'irrite davantage,

C'est que mon œil dans le lointain de l'air,
    Autant que le sien voyant clair,
    Sait découvrir la silhouette
    Du traitre ennemi qui nous guette,
Et qu'alors, à l'instant par mon cri prévenus,
    Mes compagnons et mes femelles,
    Dans la ferme à temps parvenus,
Avec moi sont sauvés de ses serres cruelles.

    Ni la vitesse de mes ailes,
    Ni le volume de mon corps,
    Ni le don d'un œil perspicace
    Ne sauraient composer mes torts
Pour l'éternel traqueur de toute notre race,
    Disait l'alouette à son tour.
    Cependant, lorsque au point du jour,
    En ligne droite et perpendiculaire,
Je monte haut, bien haut dans l'atmosphère
Et que là, suspendue avec mes seuls moyens,
    Pendant longtemps je me maintiens
    Aussi bien que lui sait le faire,
    Il peut, le jaloux animal,
    Trouver de ma part cela mal
    Et prétendre que je le brave.
    Joignez que de ma voix l'octave
En saluant l'aurore et lui faisant ma cour,
    Dans des notes pleines d'amour,
    Lui paraît une injure grave
    Par le contraste avec son chant
    Criard, sauvage, menaçant.

    La caille était la quatrième tête
    Du conseil en plein air tenu :

Mais de cervelle on sait que la timide bête
Dans le crâne n'a pas un puissant contenu.
  Je ne comprends pas du corsaire,
  Amis, disait-elle, entre nous,
La haine qu'il me porte et l'incessante guerre
   Qu'il me fait aussi bien qu'à vous,
Moi qui, pour ne donner prétexte à sa colère,
Me fais couleur de cendre et vole terre à terre.
  Attendez, enfin j'entrevoi,
  Reprit-elle après une pause,
  A son acharnement sur moi,
  J'entrevois enfin une cause;
  Et cette cause est dans le cas
  Que fait l'homme sur une table
  — Avantage bien triste, hélas ! —
  De ma chair fine et délectable,
  Tandis que l'oiseau meurtrier
  Y passe pour mauvais gibier
  Et pour un manger détestable.

Ainsi par des raisons hors de la vérité
Prises de l'amour-propre et de la vanité,
Chacun dans sa frayeur, d'ailleurs trop légitime,
  D'une terrible hostilité
  S'expliquait d'être la victime.

Cependant l'ennemi, le carnassier à jeun,
Possédant fine ouïe autant que fine vue,
Ecoutait, se tenant en panne dans la nue,
De nos oiseaux bavards l'entretien importun.
Tout à coup, au milieu de ce conseil des quatre,
  Comme la foudre il vient s'abattre
  Et pour son repas en prend un.

Mais, avant de saisir sa proie
De son bec qui claquait de joie,
En réponse à leurs vains propos,
Étaient sortis ces quelques mots :
« Sur mes motifs d'orgueil, sur mes motifs d'envie,
    « Médisants, qui glosez sans fin,
« Sachez que si j'en veux si fort à votre vie,
        « Imbéciles, c'est que j'ai faim. »

LES JUGEMENTS CHEZ LES ANIMAUX.

LE LOUP JUGE.

Prologue.

Chargé d'ans et d'expérience,
Sinon d'étude et de science,
Un loup, le plus grave des loups,
Quadrupèdes qui parmi nous
— On peut le dire sans malice —
Ne passent pas pour être doux
Ni pour symboles de justice —
Parmi les animaux avait tant de renom
Qu'il fut constitué juge de son canton.

Dans un bois — mais sur la lisière
Formant en cet endroit clairière —
Un orme vigoureux, colosse végétal,
        Était son chêne

De Vincenne.
Pour compléter son tribunal
Et le modeler sur les nôtres,
Il avait, le vieux justicier,
Un béat renard pour greffier
Et de nombreux servants, entr'autres
Un singe goguenard pour audiencier.

De fort loin on venait écouter ses sentences.
Un jour — je ne dis point par quelles circonstances,
Ni par quel moyen, ni comment, —
J'eus la faveur d'être présent
A l'une de ses audiences.
Là, sténographe de hasard,
Je pus, en employant mon art,
Des monuments de sa justice
Emporter la fidèle esquisse
Que je viens maintenant au public confier,
Afin que dans le monde on puisse apprécier
Sainement la haute sagesse
D'un tribunal de si nouvelle espèce
Et reconnaître à ses arrêts
Le grand Salomon des forêts.

Première Cause.

LES FOURMIS ET LA TAUPE.

A l'appel que l'huissier avait fait de leur cause,
Le syndic des fourmis, fourmi lui-même, expose
Son affaire en ces quelques mots :

« Toute la fourmilière était dans le repos, »
Dit-il, dans la torpeur où mars nous trouve encore,
    Lorsqu'hier matin, vers l'aurore,
Un ennemi cruel, un voisin turbulent
Nous fait subir soudain un réveil violent.
    Cet ennemi, ce voisin, c'est la taupe,
Elle qu'on dit aveugle et qui n'est que myope.
      Elle a comme les assassins,
      Et par des conduits souterrains,
      Pénétré dans notre demeure.
    Là, de ses pieds, de son boutoir,
Elle a foulé, roulé nos corps sans s'émouvoir
    Que l'un en souffre ou l'autre en meure.
Elle a tout fourragé, mis sens dessus dessous
    Par ses convulsives saccades ;
Nos vivres sont détruits et nous voilà malades
Et dans le dénûment, n'ayant plus de chez nous.
De l'auteur de nos maux, de la dévastatrice,
    Seigneur juge, faites justice.
Je réclame une forte et prompte indemnité
Pour nous couvrir un peu de tant de préjudice
Et venger cette atteinte à la propriété.
Songez qu'en attendant que le sol reverdisse,
    En danger de mourir de faim
    Un peuple entier reste sans pain. »

    A son tour la défenderesse
    A nier ne met pas le temps.
« Le fait est vrai, dit-elle, sans finesse ;
Mais je suis taupe et je prétends
Que dans la terre la nature
Ayant placé ma nourriture,
Pour la rechercher à l'aventure

D'y fouir en tout sens, ainsi qu'en chaque endroit
    Le besoin me donne le droit.
    La fourmilière a pu sans doute
    Pâtir du travail souterrain;
Mais suis-je cause, moi, qu'elle fût sur ma route?
Pourquoi n'a-t-elle mieux muré son magasin?
Bref, mon juge, un seul mot compose ma défense,
        — Et je suis sûr de son effet —
C'est que toujours le droit innocente le fait. »

        Après un moment de silence,
Le tribunal ainsi prononce sa sentence :
    « Attendu qu'aucun animal
En suivant son instinct ne saurait faire mal;
Que c'est ici le cas de celle qu'on accuse
A qui fournit toujours sa constitution
        Pour ses violences excuse
        Et complète absolution;
Attendu que pour tant que notre cœur s'affecte
Du malheur arrivant au plus chétif insecte,
Nous ne saurions aller, esclave de la loi,
Jusqu'à punir l'auteur d'un fait licite en soi.

    Par ces motifs, jugeant la cause
        En premier et dernier ressort,
Et sur l'exception que la taupe propose,
        Disons que les fourmis ont tort
        Et nous les déboutons par suite,
        Avec dépens, de leur poursuite.

Deuxième Cause.

LE LAPIN ET LE RENARD.

Dans le terrier d'un lapin
Messer renard, un matin,
Fuyant et dépistant une meute damnée
Sur ses traces acharnée
S'était, sans être prié,
Hardiment réfugié.

Revenant de sa tournée,
Notre lapin fort surpris
Ordonne à ce mal appris,
Avec colère et menace,
De lui rendre son logis,
De vider vite la place.
A cet ordre un peu brutal
Refus aussi magistral,
Refus net, catégorique,
  De la part
  Du renard
Qui, dans le manoir rustique,
Fier de sa force physique,
De plus belle s'installa.

Les choses cependant n'en pouvaient rester là;
Et passé quelques jours de discussions vaines,
Devant le tribunal de la localité,
 Celui du loup, le débat fut porté.

De l'innocence timide
 Les tribunaux sont l'égide,
Pensait le demandeur; et je suis assuré

Dans mon bien au plus tôt d'être réintégré.
            Partant de cette assurance
Son plaidoyer fut court à l'audience.

            Mais, le défendeur madré
            Déploya plus d'éloquence.
Il exposa d'abord que c'est sans violence
Que du terrier vacant il s'était emparé;
Que la nécessité, loi suprême, divine,
    Légitimait d'ailleurs son action.
        Ainsi donc, dans son origine
Point de vice légal à sa possession.
Ensuite, se tournant contre son adversaire,
        Il l'accuse, adroit plaideur,
        D'avoir un bien mauvais cœur,
        Et d'être un indigne frère.
Il sait, dit-il, il sait qu'un ennemi mortel
        Dans les environs me guette,
Et c'est dans ce moment qu'il prétend, le cruel,
        Me fermer toute retraite!
Combien différemment je l'aurais secouru,
Si dans mon domicile il était accouru,
        Quand j'avais un domicile!
Et notez, notez bien qu'il n'est pas sans asile,
L'égoïste lapin, ayant encore à lui
        D'autres trous près de celui
Que le danger me force à garder aujourd'hui
        Enfin voilà, mon bon juge,
        L'horoscope de mon sort:
        Qu'on m'enlève ce refuge,
        Et je suis un renard mort.

    Assez plaidé!... la cause est entendue,

Dit le juge en ce moment.
Et, mon oreille tendue,
J'écoutai son jugement.
Considérant qu'entre les lois rivales
Du premier occupant, du plus fort occupant,
Toutes deux primordiales,
La préférence dépend
Des circonstances souvent.
Considérant, dans la cause présente,
Que le lapin demandeur
Avec pleine défaveur
En justice se présente;
Qu'en violant les lois de la fraternité,
Les droits de bon voisinage
Et les devoirs aussi de l'hospitalité,
Sur lui cette conduite inhumaine, sauvage,
Donne au renard l'avantage.
Considérant enfin que la loi du salut,
Souveraine s'il en fût,
De celui-ci domine, assure la défense;
Par ces motifs, vidant l'instance,
Déclarons du lapin, injuste l'action;
Ce faisant, du renard excusant l'entreprise,
Le maintenons dans la possession
De la retraite qu'il a prise,
Avec droit de s'y loger
Pour tout le temps du danger.
En outre, condamnons le plaideur téméraire
En tous les dépens de l'affaire.

Troisième Cause.

LE GRILLON ET LE SCARABÉE.

Sur la pelouse verte, au soleil d'un beau jour,
    Gentil grillon pour fait d'amour,
    Ou pour autre fait, il n'importe,
    Était allé loin de sa porte
    Faire gaiement un petit tour.
    Pour n'avoir qu'un réduit d'ermite,
    Nous savons qu'un grillon n'est pas
    Austère comme un cénobite.
Pauvre chantre des prés, fort bien, prends tes ébats !
    Pendant ce temps, dans ton manoir là-bas,
    Un usurpateur prend ta place.

Un vilain scarabée, auteur de la disgrâce,
Avait rêvé, la nuit, palais et propreté.
    Et du songe extraordinaire
Il avait voulu faire une réalité.
    Quittant son bouge originaire,
Et sachant le grillon loin de sa grillonière,
    Il avait dans ce logement
Propre, coquet, béant sous une touffe d'herbe,
Effectué sans bruit son emménagement,
    Se disant avec le proverbe
    Qui de titre et de droit lui sert :
    A quitter sa place on la perd.

    Mais dans ce nouveau domicile,
    Longtemps il ne fut point tranquille.
Bientôt le maître arrive, et le maître évincé,
Et le maître à bon droit fortement courroucé,

Contre l'intrus, à face hétéroclite,
Qui pose insolemment au seuil de sa maison
    Comme un soldat en faction
    A la porte de sa guérite.
Sors de là, lui dit-il, odieux parasite;
    Ta présence souille mon gîte,
C'est dommage, vraiment, qu'on ne fournisse pas
A messieurs les boueurs, à ces mangeurs d'ordure,
    Comme à de nobles magistrats,
    Des réduits remplis d'élégance
    — Salon, sanctuaire, boudoir, —
    Pour y loger leur importance!
    Sors vite, rends-moi mon manoir,
Sinon, au tribunal, qui tout près tient séance,
    Je te somme de comparoir!

    Je suis prêt à te satisfaire
    Sur ce dernier point seulement,
    Répond l'autre tranquillement,
    Et je te suis. Ainsi de cette affaire,
En justice réglée, a lieu le dénouement.

    Le grillon, sa cause venue,
    En commençant son plaidoyer,
S'écrie : on me dépouille, on me met à la rue,
Monsieur le juge, on me prend mon foyer.
    Et par qui la déconvenue ?...
Par qui ?... la honte est double et c'est mourir deux fois!
    Par ce lourdaud de scarabée
    Qui, glissant à la dérobée.....

    « Tout doux! tu m'insultes, je crois,
Interrompt celui-ci. Tout doux! beau petit-maître,
    Oublierais-tu, mon cher voisin,

Que grâces à celui qui nous a donné l'Être
   Je suis quelque peu ton cousin ?
Tenez ! ajoute-t-il. Écoutez ma défense,
Mon bon juge. Il est vrai, parmi des excréments,
— De ces mots, s'il vous plaît, passez-moi la licence —
Je logeais, je puisais même mes aliments.
— Depuis quand les instincts qu'inspira la nature
Seraient-ils des instincts odieux, infamants ? —
Mais la position n'était rien moins que sûre
Et de nombreux périls m'y venaient assiéger.
A la quitter déjà j'avais donc dû songer,
Quand, pas plus tard qu'hier revenant de l'arure,
Et dans l'herbe des prés quêtant sa nourriture
   Sous ses pieds un énorme bœuf
A failli par trois fois m'écraser comme un œuf.
Donc, ce matin, voyant la bonne aubaine
   D'une retraite souterraine
   Que son possesseur désertait,
   Et que, répondant à ma peine,
   La fortune me présentait,
J'ai dû, j'ai cru devoir y transporter mes lares.
N'avais-je pas ce droit ? et de ce que j'ai fait
   Les exemples seraient-ils rares ?
   Mon Dieu ! non. Et j'invoque ici
   Les deux précédentes affaires
   Et leur solution aussi. »

Certes, dans l'auditoire on ne s'attendait guères
   A tout l'esprit, tout l'à-propos
   Que supposent ces derniers mots
Dans des cerveaux coléoptères.
Cependant je soupçonne et vous dis entre nous
Que la citation de sa jurisprudence

Dut médiocrement plaire au doyen des loups,
Puisque du scarabée improuvant la défense
C'est contre lui qu'il va rendre son jugement.

  Attendu, dit-il sèchement,
Que de son domicile un seul moment d'absence
  N'en implique point l'abandon,
Encor moins qu'aux voisins on en fasse le don ;
Et qu'alors le grillon n'avait pas cessé d'être
De son logis le seul, le véritable maître.
Attendu cependant que de le lui ravir
  Le scarabée aurait la convoitise,
Mais que les tribunaux sont créés pour sévir
Contre toute illégale, arbitraire entreprise
Qui n'a pour s'emparer de la chose d'autrui
  Que la convenance pour titre.
  Le solide Etat que celui
Où chacun de son droit serait le seul arbitre !

  Par ces motifs, nous condamnons l'auteur
Du fait qui du grillon motive ici la plainte,
  Avec prise au corps et contrainte,
A déguerpir, à rendre au grillon demandeur,
  Et cela sans retard, sur l'heure,
  En bon état et libre sa demeure.
En outre, condamnons l'insecte usurpateur
  En tous les dépens de l'instance
  Et commettons notre huissier d'audience
  Pour la signification
  Et, s'il faut, l'exécution
  De notre présente sentence.

Quatrième Cause. *Voir la page* **125.**

Épilogue.

L'audience est levée... Eh bien ! que vous en semble ?
Dit le loup au renard en s'en allant ensemble.
— Car le juge avec le greffier
Hors de ses fonctions se montrait familier —
Que pensez-vous de tant de causes ?
L'autre répond : Je pense entre autres choses
Que vous êtes expert à les expédier.
— Et de mes jugements ?... faites-m'en la critique.
— Je n'en ai pas le droit. D'ailleurs, ils sont tous bons.
— Allons, sans flatterie — alors mille pardons,
Si vous voulez que je m'explique.
Parmi beaucoup de tact et de sagacité
Vos jugements dans leur diversité
Me semblent témoigner quelque peu de l'absence
D'une sûre jurisprudence.
— Je vous comprends et je ne soutiens pas
Que mes décisions, en tout irréprochables,
Malgré l'identité des cas,
Ne soient quelque peu dissemblables.
Les juges, voyez-vous, ont des émotions
Que chaque cause leur apporte ;
Et c'est, de leurs impressions,
Celle du moment qui l'emporte.
Peut-être qu'à juger ainsi
Les errements légaux n'ont pas toujours leur compte ;
Quant à ma conscience elle est sauve en ceci
Et je puis exhiber mes sentences sans honte.
On juge comme on sent ; on juge comme on voit.
Et voit-on, par exemple, à jeun comme après boire ?...

Alors la loi fléchit; n'est plus si péremptoire
Et se plie au désir de ce que l'on perçoit.

Tels sont les jugements des bêtes que nous sommes.
    Sont-ils autrement chez les hommes ?...

LE LOUP DANS LA BERGERIE.

    Un jour — c'était au temps des Dieux,
Où les bergers portaient houlette et panetière,
Où cet état alors en honneur sur la terre
    Avait Pan pour patron aux cieux —
Un jour, dis-je, un troupeau s'était mis en révolte
Et désolait Tircis, son maître et son pasteur.
C'était que, nonobstant tout fossé protecteur,
Moutons du champ voisin ravageaient la récolte;
Que d'autres s'attaquant, se querellant entr'eux
Cossaient et se blessaient en des duels nombreux.
C'était que la plupart pris d'une humeur fébrile,
Comme un vent qui soudain soulève un lac tranquille,
Loin du centre commun, poste de sûreté,
Allaient se dispersant, chacun de son côté.
Un esprit ennemi de la gent lanifère
Poussait dans ce moment pour sa perdition
Ce type consacré de la vertu contraire
Dans le parti mauvais de l'insoumission.
    Hélas ! les peuples dans leur sphère,
— Non qu'aux moutons je trouve une excuse en cela —
    N'ont-ils point de ces moments-là !
Rien ne semblait pouvoir arrêter le désordre.

Le chien fait son métier; mais il a beau japper,
Beau suivre les fuyards, les talonner, les mordre;
Le berger beau pester, menacer et frapper,
Les moutons persistaient à rester indociles.

    Alors Tircis désespéré
      De voir tant d'efforts inutiles,
Par Hercule! dit-il, va, race d'imbéciles,
Troupeau rebelle, va! va! je me vengerai.
A ces mots il se tourne. O fortune, ô rencontre!
D'une bête au poil noir une tête se montre,
Qu'un buisson mal feuillu ne cachait qu'à demi.
De la race qui bêle et qui ne vit que d'herbe,
C'était le carnassier et classique ennemi.
    L'occasion était superbe.
Le berger s'en empare, et s'adressant au loup
Qui rôdait dans ces lieux flairant quelque bon coup :
Approche, lui dit-il, trêve de méfiance.
D'autres ont aujourd'hui mérité ma vengeance.
    Ecoute : j'ai besoin de toi,
    Et te propose un armistice.
Le chien que j'ai rendu muet auprès de moi
    Compte aussi, lui, sur ton service.
Il s'agit qu'enfermé dans le même réduit,
    Couché sur la même litière,
Soit dormant, soit veillant, tu passes cette nuit
    Avec le troupeau réfractaire.
Ah! vous aurez, j'espère, une fameuse peur,
Mes placides sujets, mes timides ouailles
Qui de vous mutiner me donnez la douleur!
Mais j'entends à cela borner mes représailles,
Mon bon loup. Tu vas donc t'engager sur l'honneur,
De respecter, pour tant que la faim t'aiguillonne,

De mes nombreux moutons la vie et la personne;
Sauf un seul toutefois, si tu veux, le plus beau,
Un seul que pour salaire, entends bien, je te donne
Et que tu peux manger sur place, os, chair et peau,
Sous le frémissement du reste du troupeau.

D'accepter ce marché notre glouton s'empresse;
Sur ses pieds de derrière aussitôt il se dresse;
  Et de ses pattes de devant
  La droite tendue en avant,
Il fait, la joie au cœur, ouvrant sa gueule grande,
Le serment par le Styx que Tircis lui demande.
Après quoi, maintenant, dit l'adroit compagnon,
  A mon tour, je pense, il est bon
  Que j'exige une garantie :
  C'est la promesse que demain
A ma retraite close on vienne le matin
Ouvrir, pour m'assurer une libre sortie.
A ce désir prévu Tircis répond soudain :
C'est juste. Je le jure et te ferai voir comme
  On tient sa parole chez l'homme.

Ainsi c'est pacte fait; mais il est anormal;
Il est contre nature; et moi qui le raconte
  Je ne puis trop, en fin de compte,
  M'empêcher d'en augurer mal.

Le soir donc quand la nuit allume ses étoiles,
  Et sur la terre étend ses voiles,
Lorsque bon gré, mal gré, notre insensé bétail
  A réintégré le bercail
Après un jour entier de désobéissance,
Le loup, c'était son heure, arrive à petit bruit
  Et par Tircis, sans méfiance,

Cet étrange instrument d'une folle vengeance,
Dans l'enceinte fermée est soudain introduit.

Pas n'est besoin, ici, de dire, j'imagine,
L'effet terrifiant que sur la troupe ovine
Un tel sinistre intrus subitement produit.
C'est la panique, mais la panique doublée
Par l'obstacle des murs, de la porte scellée,
Qui d'une prompte fuite enlèvent tout pouvoir.
Dans l'espace qui reste encor pour se mouvoir,
  Quels mouvements! quelle mêlée!
   Ce sont des chocs, ce sont des bonds,
Ce sont contre les murs des assauts furibonds;
Mais, hélas! vains assauts; position horrible:
Le danger imminent et la fuite impossible!...
Alors se résignant, le malheureux troupeau
Se tasse dans un angle et, victime enchaînée
Qui sent que sur sa gorge est levé le couteau,
Immobile, compacte, attend sa destinée.
De son côté le loup, jouissant de l'effroi
  Qu'à tant d'ennemis il inspire,
  Dans l'angle opposé se retire
  Où tout d'abord il se tient coi.
Mais bientôt il se dit : c'est trop longue abstinence.
  Entamons un repas permis;
Et sur le bloc vivant aussitôt il s'élance,
En détache un mouton, ce salaire promis,
Qu'avec acharnement il égorge et dévore.
Puis un deuxième y passe et puis un autre encore.
A celui-ci pourtant, un scrupule lui vient,
  Qui pour un moment le retient;
  Si de scrupule il est possible
Qu'un glouton avéré soit jamais susceptible.

Mais, d'un pacte récent ce scrupule déduit
Par ce raisonnement il l'a bientôt détruit.
Eh bien ! en manger un, deux de plus, est-ce faire
— Vu la riche provision —
Une brèche sensible à la convention ?
Aux besoins de la faim toute clause contraire
N'est-elle pas d'ailleurs toujours nulle de soi ?
D'ailleurs encore, ici, suis-je le plus blâmable ?
Puisqu'on me connaissait, pourquoi
M'imposer un serment qu'on savait intenable,
Intenable surtout pour moi ?
Faisons donc bonne chère et foin de la formule
Pour un loup de ma race indigne et ridicule.

Là-dessus il fait tant, le féroce animal,
A sa vérocité tellement il se livre
Que de la chair ovine, en tout temps son régal,
Cette fois il se gorge et de sang il s'enivre.
Alors pauvres moutons, que je plains votre sort !
Le forcené va tous vous livrer à la mort.
Ce n'est plus pour la faim qu'il prendra votre vie;
C'e pour s'en faire un jeu; c'est que l'ébriété
Lui montre un point d'honneur, le pousse, le convie
A laisser cet appoint de sa férocité.
Sur la troupe toujours dans son angle blottie,
Pelotonnée, anéantie,
Il fond donc de plus belle; il fond plus furieux,
Plus menaçant des dents, de la gueule, des yeux.
De mémoire de loup jamais dans sa carrière
Nul n'avait affecté mine si meurtrière.
C'est la mort qui précède et c'est la mort qui suit.
Si la gloire se prend au nombre des victimes
Quelle gloire il acquiert le héros cette nuit !

Par cent il peut compter ses dépouilles opimes.
Tout le troupeau périt immolé par détail.
Peu d'heures ont suffi pour cet affreux carnage.
Lui seul reste debout vivant dans le bercail
Et contemple l'horreur de son lugubre ouvrage.

On ne cite qu'Ajax qui dans pareil champ clos
— Ajax de mon récit gloire contemporaine —
   Qui, dis-je, soit folie ou haine,
De pareils ennemis versant le sang à flots,
  En ait fait pareille hécatombe.

Enfin, las de son rôle, auprès du dernier mort,
  A bout de force, le loup tombe
  Et sur ce lit sanglant s'endort.

  Cependant par mainte interstice
Dans ce tombeau, le frais avec l'aube se glisse
Qui vient tirer le loup de son pesant sommeil.
D'un gros péché sentant lourde sa conscience
Aussitôt il épie et se tient en éveil,
Afin d'aller plus tôt en toute diligence,
A l'écart, libre et loin en faire pénitence.
En effet, ponctuel autant qu'il est loyal,
— Ainsi l'homme était fait dans l'âge pastoral —
Dès que le jour commence à redonner aux choses
La forme, et la couleur à toutes fleurs écloses,
Tircis vient à la porte et tire le verrou.
C'est le moment guetté. D'un bond subit et preste
Le prisonnier alors sans demander son reste
Franchit le seuil et court; il court je ne sais où,
  Mais dans quelque antre inaccessible,
Méditer sur sa chance, et rendre grâce aux Dieux
Qui le font échapper au châtiment terrible

Dont il s'avoue, il sent que son crime odieux
    L'a rendu mille fois passible.

Cette fugue au berger annonçait un malheur.
Il plonge ses regards dans l'enceinte. O douleur !
O spectacle navrant ! O nuit trois fois funeste !
Des moutons son seul bien, sa gloire, son bonheur,
Ces cadavres, ce sang sont tout ce qui lui reste.
Qui pourrait de Tircis peindre le désespoir ?
        C'est la nuit, le matin, le soir,
C'est toujours qu'il gémit, et de son infortune
        Qu'il fatigue, qu'il importune
Les échos d'alentour et les pâtres voisins.
Hélas ! le malheureux, pour combler la mesure,
Entend faire à ceux-ci de sa mésaventure
        L'objet de leurs propos malins.
Quel sot, se disent-ils, que notre camarade.
        Confier ses moutons au loup !!
Sans doute il avait bu de trop quelque rasade.
Trahison, perfidie.... un loup.... ce nom dit tout.
D'être sobre il peut bien nous donner sa parole ;
        Mais quand on a du sens, doit-on
D'un tel serment se prendre à l'amorce frivole ?
        Un glouton est toujours glouton.

Donc, malgré sa douleur par ses cris accusée,
        L'infortuné Tircis devint
Des hommes de son temps la fable et la risée.
Comme un sort mérité son sort ne fut pas plaint.
        Puis-je dire que de notre âge
        Il le soit guère davantage ?

        Bien des pays a traversé
        Cette histoire de vieille date..

Et chez chaque peuple a laissé
La morale que je constate
Et que résume ainsi le plus sûr des dictons :
« Bergers, pour vous venger de leur mutinerie
« Et morigéner vos moutons,
« N'enfermez point le loup dans votre bergerie. »

LES OISEAUX EN CAGE.

Trois animaux ailés habitaient une cage,
Un meuble enjolivé d'un bel appartement,
Dont même, en y comptant les hôtes à plumage,
Il était le premier, le plus bel ornement.
Derrière l'élégante grille
Nos trois oiseaux vivaient, s'aimaient comme en famille.
Leur amitié plus que d'occasion
Partait d'une commune et vraie affection.
Pourtant bien différente était leur origine.
L'un, un verdier enfant des champs,
Né sous un dais de fleurs — je pense d'aubépine —
Qui, pris vivant un jour par des méchants,
D'abord pour compagnon de deux serins femelles
— J'entends des serins-canaris —
Dans la cage avait été mis,
Et pour être ensuite par elles
Le père de quelques métis.
Les autres — celles-ci deux jeunes sœurs jumelles —
Etaient filles de la maison,
N'ayant eu pour berceau, pour séjour que leur cage,
Que leur chambre pour horizon.

De là, différence, partage
De sentiment, d'avis sur leur position.
Lui n'y voit qu'un dur esclavage,
Qu'une indigne réclusion,
Qu'un abus de la force et n'appelle cet homme
Qui dans un vil réduit retient leur liberté,
Qu'un égoïste au fond, et qu'un tyran en somme;
Pour elles, au rebours, ce réduit enchanté
Renferme l'idéal de toute jouissance;
C'est un vrai sanctuaire où, sans intermittence,
Le bonheur en personne a fixé son séjour,
Et de ses propres mains berce leur existence.
Quant à celui qui chaque jour
Vient libéralement leur faire ses largesses,
Ses gentils compliments, ses petites caresses,
Elles ne voulaient pas pour lui du nom : tyran,
Parole ingrate de leur frère;
Mais, par acte d'amour et non de courtisan,
Le nommait leur ami, leur bienfaiteur, leur père.

Ainsi dans ce trio, sans se faire la guerre,
Et sans que par aucun ils fussent reniés,
Deux instincts divergents étaient associés;
Mais, tout en convenant de leur félicité
Et de la sienne propre auprès de ses compagnes,
L'enthousiaste enfant exilé des campagnes
Chaque jour leur chantait avec solennité
Sa chanson sur la liberté.
Il y peignait tantôt les charmes de l'air libre,
Les splendeurs du soleil et l'asile des bois;
Tantôt plus pleine sa voix vibre
Quand de l'indépendance il proclame les droits :
Alors l'oppression de beaux noms décorée,

Toute chaîne même dorée
Prennent dans ses accents les plus sombres couleurs :
Ce sont des attentats, des crimes, des malheurs.
O filles de ces lieux, esclaves prétendues,
Ces choses-là par vous sont envain entendues !
Vous ne comprenez rien aux mots de ces chansons.
Dédaigneuses du sens vous n'aimez que les sons.
Aussi, pour le chanteur, malgré vos sympathies,
Vous n'êtes à sa foi nullement converties,
 Et jusqu'ici le charme de ses chants
N'a point vers leur sujet incliné vos penchants.
Prenez garde, pourtant : les plaisirs de l'oreille
De changements en nous sont parfois la raison.
Peut-être de ce cas êtes-vous à la veille.

Un matin le verdier inspectant sa prison
 En trouvait — ô hasard ! — la portière mal close.
— Le hasard veut toujours, et sans combinaison,
Dans les faits d'ici-bas être pour quelque chose —
Heureux de l'incident, il en profite. Il sort,
  Et dans la chambre, tout d'abord,
Appelle à mots pressés ses compagnes surprises.
  Venez, venez, dit-il, vite venez.
Trop longtemps ces barreaux nous ont emprisonnés.
Fuyons. La liberté nous offre ses franchises.
Elles, pour un moment, demeurent indécises,
En souci de savoir où sera le pays
Qui pourra leur donner mieux que leur paradis,
  Et pressentant aussi pour leur conduite
  Quelque funeste dénoûment.
Enfin, leur parti pris — le parti de la fuite,
  Adopté par entraînement,

Par condescendance ou faiblesse,
Par attrait du nouveau, puissant sur la jeunesse,
Ou par tout autre sentiment;
Je ne sais; mais sitôt pris, dis-je,
Les voilà dans la chambre où le verdier voltige,
Voletant, s'agitant pour se donner du cœur
Et tout ce qui leur manque : entrain, force, vigueur.
Bientôt, le tout acquis grâce à cet exercice,
Par la croisée ouverte — autre fortune encor
Due au même hasard qui se fait leur complice —
Résolument elles prennent l'essor
Pour chef de file ayant le verdier leur mentor.

O confiantes créatures
Qui courez après l'ombre avec naïveté
En lâchant la réalité,
Dieu vous garde de mal et de mésaventures!
D'abord d'un vol sur les toits des maisons
En gagnant bravement une première étape,
Au contact de l'air frais qui remplit leurs poumons,
Un cri de plaisir leur échappe.
Ce fut le seul. Au second vol,
Quand déjà le repos leur devient nécessaire,
Un coup de vent brutal les renverse par terre.
Là, pendant l'ouragan qui les retient au sol,
Par ce coup imprévu nos sœurs bouleversées
En se rasant dans un sillon
Demandent si c'est là des douceurs annoncées,
Le prélude, l'échantillon.
Ce n'est rien, leur répond leur guide.
La liberté, de soi sans doute un peu rigide,
N'a pas du tout pour ses amants

L'habitude des compliments,
Des caresses, des mignardises;
N'a pas pour leur manger, non plus, des friandises.
Mais dans l'état d'où vous sortez
Pouviez voir l'astre du jour en face,
Dans vos jeux, vos ébats jouir de tant d'espace,
Et sans contrôle aucun faire vos volontés?

Pendant ce beau sermon peu consolant pour elles,
Le petit estomac des deux tendres femelles
Etait aiguillonné du besoin de la faim.
Il leur fallut alors chercher leur pain
— Comme on s'exprime chez les hommes —
En parcourant, fouillant les guérets et les chaumes.
Mais le chercher — et trop souvent envain —
De loin en loin, de grain en grain,
Ce n'est pas comme en cage avoir l'auget tout plein
D'une pâture fraîche et pour leur goût choisie,
Que leur bec picorait suivant sa fantaisie.

Quel contraste! et tout n'est pas dit.
Figurez-vous les pauvres bêtes,
Qui pour la course sont peu faites,
Avec le corps fluet que vous peint mon récit,
Piétinant avec peine et lassitude extrême
Sur un sol inégal au milieu des buissons,
Des ronces, des piquants que la nature sème
Après comme avant les moissons.
Oh! combien en souffrent d'injures
De nos petits êtres ailés
Le plumage brillant, les tarses effilés!
Sans compter de leur cœur les morales blessures!

Parlerai-je encor des dangers

Que pour leur vie incessamment présente
Ce champ libre que tant on vante
Dans des discours trop mensongers?
Tantôt devant leurs pas se montre
Un petit bout d'un court bâton
Fixe et muet comme un planton.
Qu'est-ce?... C'est un tacet. N'allons pas heurter contre;
Détournons-nous, leur dit leur conducteur.
Tantôt, comme un point noir, à très-grande hauteur,
Une ombre dans les airs se dessine et tournoie.
Qu'est-ce encore? Un milan en quête d'une proie.
Vite sur le terrain — le danger est pressant —
Echappons à sa vue en nous aplatissant,
Derrière quelque motte ou quelque touffe d'herbe.
Tantôt.... mais c'est assez. Des plaisirs en plein air
Le tableau, certe, est loin d'être superbe,
Et dans tous les cas n'a pas l'air
D'enchanter les deux néophytes.
Que d'un culte tout agrément
Les promesses trop tôt avaient, hélas! séduites.
Aussi quel désappointement!
Avant la fin du jour, l'épreuve terminée,
Par les mêmes regrets leur âme est dominée;
Et d'un corps douloureux malgré l'épuisement,
Malgré le déplaisir du verdier leur apôtre,
J'entends une sœur dire à l'autre,
Avec l'accent qui vient du cœur:

« Retournons, retournons, ma sœur,
Au lieu béni qui nous vit naître,
Où l'on nous dit que nous avons un maître;
Mais un maître pourtant qui ne nous fait connaître
Qu'un joug d'affection, de bonté, de douceur.

Laissons notre mentor, notre ami, notre frère.
   Préférer au nôtre le sien
Qui fait à ses sujets payer si cher son bien.
La liberté pour nous n'a qu'un air délétère.
Combien plus sain était celui de la maison,
   Nommée à tort notre prison,
Où nous vivions de paix, de joie et de plaisir. »
   Tout à coup, à ce souvenir
Chaque sœur à la fois hors de terre s'élance;
Et sur un toit voisin, comme par un ressort,
   Les porte ce premier effort.
Là, la pause aurait pu leur rendre un peu de force;
   Mais un chat — on sait que les chats
Croquent les oisillons comme ils croquent les rats —
Hélas! incontinent les effraie et les force
   A reprendre en l'air leur chemin
   Qui les conduit et les ramène enfin,
Dolentes, hors d'haleine, au seuil de la fenêtre
D'où le maudit désir de voir et de connaître
   Les avait fait fuir le matin.
   O désespoir! ô contre-temps terrible!
   Les volets en étaient fermés,
Et partant au logis la rentrée impossible!......

Le lendemain, au jour, gisaient inanimés,
Sur l'accoudoir, deux corps, ceux de nos fugitives
Qui, sous le coup de tant de douleurs, de regrets,
   De commotions successives,
Avaient pendant la nuit succombé sous le faix.
Mais elles n'eurent point ces douces créatures,
Dans leurs derniers moments, des plaintes, des murmu-
Seule une allusion à leur bonheur passé   [res.]
A travers leurs soupirs avait pourtant percé;

Et pour quiconque eût pu comprendre leur langage
Chacun de ces soupirs poussés avec effort
Disait lugubrement comme un refrain de mort
Ces mots résumant tout : Oh ! ma cage, ma cage !!
FIN DES FABLES.

LE RETOUR DE LA CRIMÉE

Chant patriotique sur le retour en France de trois Régiments de l'Armée d'Orient entrant à Paris le 29 décembre 1855.

Air : *Suzon sortant de son village.*

Le Czar en rêvant sa conquête
Se disait dans une oraison :
« Facilement du grand prophète
Saint Nicolas aura raison.
   Mon aigle double
   Effraie et trouble
Un peuple faible et son pâle croissant.
   Que Stamboul tremble !
   Il faut qu'ensemble
Tombent ses murs et son culte impuissant. »
   Mais, non, non ; Turquie alarmée
   Ne crains rien d'un autre Attila,
   La France sera toujours là.
      Salut à notre armée. *(Bis).*

Il disait : « Je suis un colosse,
Je suis Briarée aux cent bras ;
J'ai le suprême sacerdoce ;
Le doigt de Dieu guide mes pas ;
   Et la Fortune

M'a de Neptune
Sur une mer octroyé le trident.
Tirons le voile
Et mon étoile
Obscurcira les soleils d'Occident. »
Mais, sous cette étoile enflammée
Qui croit tout frapper de stupeur,
Allez ! l'Occident n'a pas peur.
Salut à notre armée. *(Bis.)*

Avec le calme de la force
L'Occident reçoit le défi ;
Il arme. A la première amorce
Crèvera le ballon bouffi.
Déjà l'espace
Fuit et s'efface :
Nous étions loin, et nous voilà tout près.
Les protocoles
Ont fait leurs rôles ;
Les bataillons doivent parler après.
D'où vient qu'aussitôt en Crimée
Tant d'arrogance se calma ?
Demandez aux champs de l'Alma.
Salut à notre armée. *(Bis.)*

Nos soldats du Dieu de la guerre
Ont rajeuni l'antique nom ;
Invoqué par eux sur la terre,
Ils prononcent Napoléon.
Un grand désastre
Fit que cet astre
Un jour du ciel tomba sans s'éclipser ;
Mais la rancune

De l'infortune
Dans les grands cœurs ne va pas s'exercer.
Point de vieille haine exhumée;
Du faible c'est le seul ressort.
Sans elle le Français est fort.
Salut à notre armée. *(Bis.)*

L'honneur, le devoir et la gloire
Sont les trois tisons de son feu.
Pour le chéri de la victoire
Elle-même est le grand enjeu.
Par ces mobiles
Nobles, fébriles
De l'héroïsme on atteint les hauts faits.
On est terrible
Et l'impossible,
Comme on l'a dit, n'est pas un mot français.
Pour égaler sa renommée
En vain vous vous faites géants :
Nos soldats sont toujours plus grands.
Salut à notre armée. *(Bis.)*

En vain l'ennemi fera rage.
Ils sont devant Sébastopol.
Là, la constance est du courage;
En vain sous eux tremble le sol.
Mille tempêtes
Vont sur leurs têtes
Gronder en vain et semer le trépas.
Point de relâche.
Tout à sa tâche
Le Français meurt, mais il n'en démord pas.
Hourra! la tâche est consommée.

Il est tombé en Gibraltar.
C'est notre épée au cœur du Czar.
    Salut à notre armée. *(Bis.)*

Que t'a valu ta guerre sainte,
Autocrate artificieux ?
Par une dévotion feinte
Espérais-tu tromper les cieux ?
    La meilleure arme
    Et qui les charme
N'est pas pour eux dans ce qu'un peuple croit.
    La foi diffère ;
    Dieu la tolère ;
Mais ce qu'il veut c'est toujours le bon droit.
    Contre lui ta guerre allumée
    A nos armes donnait beau jeu.
    Nous, nous pouvions invoquer Dieu.
    Salut à notre armée. *(Bis.)*

Oh ! vous avez fait des merveilles,
Survivants de nobles combats.
Le nom de brave à vos oreilles
Résonne à chacun de vos pas.
    Votre patrie,
    Mère attendrie,
En tressaillant reçoit vos légions
    Qui loin de France
    Par leur vaillance
Ont à sa gloire ajouté des rayons.
    L'immortelle est sa fleur aimée.
    En échange de leurs lauriers
    Elle en couronne ses guerriers.
    Salut à notre armée. *(Bis.)*

Quatrième Cause.

LE SERPENT ET LE CHAT
SE DISPUTANT UN OISILLON.

Du haut d'un arbre, un oiseau fasciné
Malgré lui descendait où l'appelait l'abîme.
A l'ennemi caché qui l'avait harponné
Il refusait, en vain, d'amener sa victime.
C'était pitié de voir le malheureux oiseau
Consumer ses efforts à résister au charme.
  Contre un invisible réseau
  Son désespoir est sa seule arme.
Il crie, et nul ami ne vient à son secours.
  A cette scène déchirante
  La nature est indifférente,
  Les échos même semblent sourds.
Sous le feu permanent des regards qui l'observent
  Toutes ses facultés s'énervent.
Ses pattes ont perdu le pouvoir de saisir.
  A son commandement de fuir
Ses ailes, cette fois, refusent d'obéir.
Sa volonté s'éteint; il est pris de vertige.
  Dans le courant qui le dirige
  Il a l'instinct de vivre encor.
Il se débat, s'essaie à reprendre l'essor.
Il évolue à droite, il évolue à gauche.
Il tournoie, il bondit, mais, hélas! chaque bond
  Du danger qu'il craint le rapproche.
Enfin, à bout de force, inerte, moribond,

Il va s'abandonner, sans plus de résistance,
Au gouffre dont il n'est qu'à petite distance,
Quand de terre vers lui soudainement s'élance
  Un animal.... Est-ce un libérateur ?...

Deux carnassiers, chacun d'espèce différente,
   Mais également amateur
   De viande fraîche et palpitante,
Ayant au bout de l'arbre à la fois aperçu
L'oiseau qui sur sa branche attendant sa femelle
   Lissait joyeusement son aile,
Avaient sur lui jeté tous deux leur dévolu.
Le serpent et le chat, deux gloutons émérites,
S'étaient, dans de voisins et provisoires gîtes,
— L'un à l'autre, pourtant, par les herbes cachés —
   A dix pas de l'arbre couchés.
   De là partait le fil magique
   De leur hameçon magnétique
   Où le volatile éperdu
   Avait fatalement mordu.
De là, de son côté, chaque traîtreuse bête,
A peine à travers l'herbe osant montrer sa tête,
   Surveillait, attendait l'effet
De sa mystérieuse et terrible manœuvre.
   Cependant le fil de cette œuvre
   De plus en plus s'accourcissait
   Et la victime avançait, avançait.
Mais le fil se dédouble et c'est vers la couleuvre
   Que va l'emporter le courant.
   Alors le chat rusé comprend
   Qu'à son appétit dévorant
   Un morceau délicat échappe.
Le sentant assez près pour ne pas le manquer,

Il fait un bond sur lui, le happe
Et s'enfuit plus loin le croquer.

A ce tour imprévu de la bête féline
Digne enfant de gripeminaud
Du reptile frustré, penaud,
Je ne me fais pas fort de vous peindre la mine.
C'est celle d'un jeûneur, torturé par la faim,
A qui de son gosier on arrache le pain.
    Longtemps dans son gîte immobile
    Il jure, par un sifflement,
    Qu'il se vengera le reptile;
    Mais il se borne prudemment,
    Comme un serpent bien né doit faire,
    A soumettre au loup son affaire.
    Celui-ci rumine le cas
Des plus bizarres, certe, et des plus délicats
    Parmi tous ceux qu'on lui défère.
Les contendants ouïs, il ressort des débats
    Un litige embrouillé, complexe,
    Qui rend longtemps notre juge perplexe.

Et d'abord, se dit-il, la fascination
Est-elle d'acquérir un moyen légitime
Comme chez les humains était jadis la dîme,
Comme chez eux et nous est la possession ?
Car, muet sur ce point se montre mon digeste.
Encor de fasciner faut-il avoir le don,
Don qu'au chat le serpent formellement conteste;
Ce qu'il serait pourtant bon de connaître avant,
    Pour élucider la querelle;
Et j'avoue *in petto* qu'un loup est peu savant
    En fait d'histoire naturelle.

Ensuite, qui des deux sur l'arbre le premier
    Aurait vu, visé le gibier ?
    Quid si sur la proie objective
    Etait des deux jeteurs de sort
Tombée en même temps l'influence attractive ?

De ces difficultés où du vieux loup, d'abord,
    Trébuchait la judiciaire,
    Un adage de droit le sort.
  Considérant, dit-il, qu'en toute affaire
La charge de prouver incombe au demandeur
Et qu'ici le serpent en aucune manière
Ne prouve ni le droit qu'a le fascinateur
    Sur l'objet de sa convoitise,
    Ni contre son compétiteur
    Sa priorité de main-mise ;
Et qu'alors à néant tombe son action.

Par ces motifs, vidant la contestation
    Par le serpent devant nous introduite
    Et jugeant la cause en l'état,
    Sans frais des fins de la poursuite
Nous avons renvoyé, nous renvoyons le chat.

Épilogue : *Voir la page* 106.

TABLE

des Chansons.

	Pages.
L'Économie	1
L'Utile	4
Les Petites Choses	6
La Bienveillance	9
Soyons Gais	11
Le Travail	14
Soyons Tolérants	19
Le Devoir	22
Les Procès	24
L'Inégalité	26
Vive l'Inégalité	29
La Mode	31
Le Duelliste	36
La Sincérité	38
La Bonne Mère	41
La Bonne Epouse	43
La Femme forte	45
Pense bien	47
Deux et deux font 4	50
Le Culte de l'Honneur	52
Les Procédés	54
La Reconnaissance	56
La Laide	58
Vous n'êtes point laide	60
L'Ordre	63
Le Bon Payeur	66
La Gaîté se meurt	68
Mes Limites	71
Les Serviteurs	73
Le Dieu des Ignorants	76
Les Ignorants	79
Les Petits	82

des Fables.

	Pages.
Le Grillon courtisan	85
Le Grain d'orge germé	86
Le Molosse et le Roquet	87
Le Lapin savant	89
Le Pigeon, le Cochet, l'Alouette, la Caille et le Milan	92
Les Jugements chez les Animaux	95
— 1re cause : Les Fourmis et la Taupe	96
— 2me cause : Le Lapin et le Renard	99
— 3me cause : Le Grillon et le Scarabée	102
— 4me cause : Le Serpent et le Chat se disputant un oisillon	125
Le Loup dans la bergerie	107
Les Oiseaux en cage	114

du Chant patriotique.

Le Retour de la Crimée	121

Gaillac. — Typ. P. Dugoure, libraire.

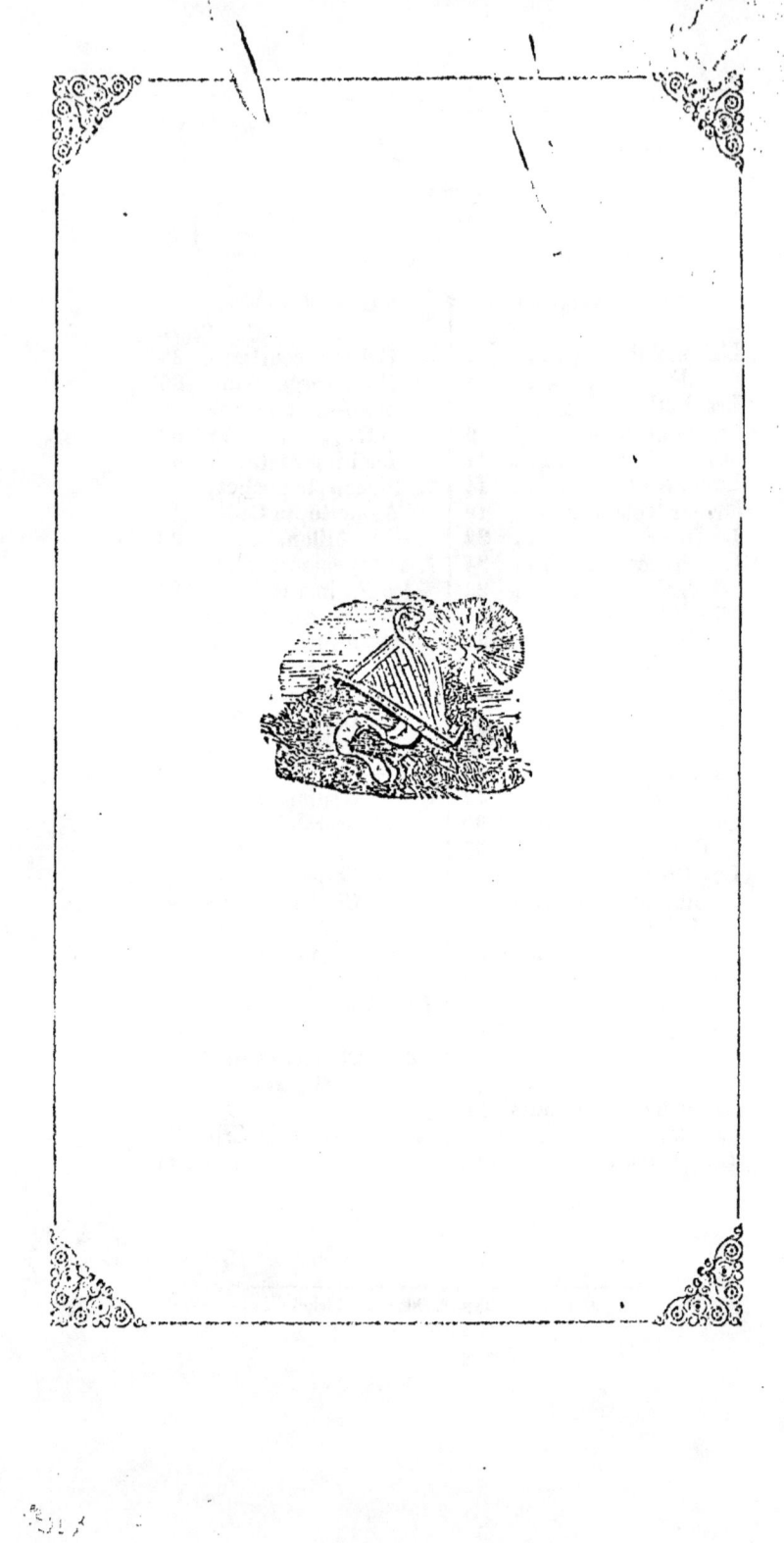

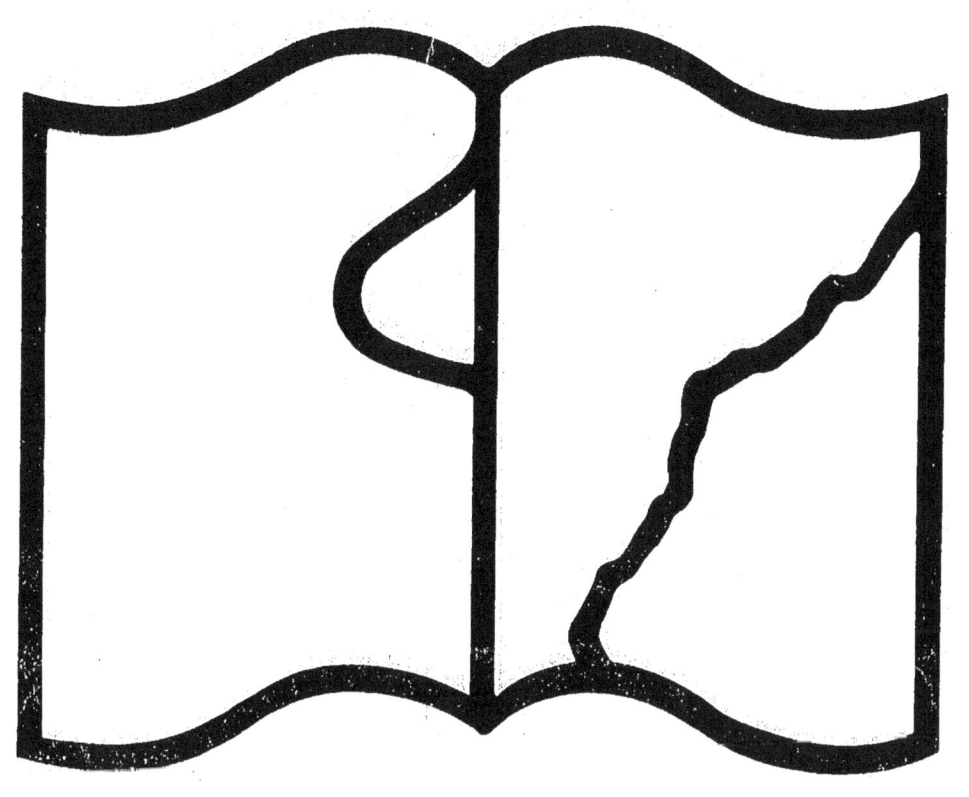

Texte détérioré — reliure défectueuse

NF Z 43-120-11

Contraste insuffisant

NF Z 43-120-14

www.ingramcontent.com/pod-product-compliance
Lightning Source LLC
Chambersburg PA
CBHW060156100426
42744CB00007B/1047